DÉLÉGUER
EN TOUTE
SÉRÉNITÉ

Les Éditions Transcontinental
1100, boul. René-Lévesque Ouest, 24ᵉ étage
Montréal (Québec) H3B 4X9
Téléphone : 514 392-9000 ou 1 800 361-5479
www.livres.transcontinental.ca

Catalogage avant publication de Bibliothèque et Archives nationales du Québec
et Bibliothèque et Archives Canada
Alonso, Éric
Déléguer en toute sérénité
(Guides Les affaires ; 7)

ISBN 978-2-89472-509-2

1. Délégation des pouvoirs (Gestion). 2. Décentralisation dans la gestion. I. Barrais, Delphine.
II. Titre. III. Collection: Guides Les affaires ; 7.

HD50.A46 2011   658.4'02   C2010-942605-3

Révision : Diane Boucher
Correction : Diane Grégoire
Illustrations : Patrick Chenot
Mise en pages : Louise Besner
Conception graphique de la couverture : 5W Mignon-Media/Elisa Riteau
Impression : Transcontinental Gagné

Édition originale publiée sous le titre « Déléguez en toute sérénité »
© 2007 ESF éditeur

Imprimé au Canada
© Les Éditions Transcontinental, 2011, pour la version française publiée en Amérique du Nord
Dépôt légal – Bibliothèque et Archives nationales du Québec, 1ᵉʳ trimestre 2011
Bibliothèque et Archives Canada

Nous reconnaissons, pour nos activités d'édition, l'aide financière du gouvernement du Canada par l'entremise du Programme d'aide au développement de l'industrie de l'édition (PADIÉ). Nous remercions également la SODEC de son appui financier (programmes Aide à l'édition et Aide à la promotion).

Les Éditions Transcontinental sont membres de l'Association nationale des éditeurs de livres (ANEL).

Éric Alonso
Delphine Barrais

DÉLÉGUER
EN TOUTE SÉRÉNITÉ

Les Éditions
Transcontinental

Déjà parus
dans cette collection :

Guides
Les Affaires

Fidèle à l'esprit du *journal Les Affaires,* facile d'accès et très opérationnelle, cette collection propose des guides pratiques qui vous accompagneront dans votre quotidien professionnel comme personnel.

Dans chaque ouvrage, vous trouverez :

- des conseils méthodologiques percutants ;
- des exercices pour vous entraîner : quiz, mises en situation, autoévaluations ;
- des idées pratiques, des témoignages pour illustrer les outils proposés ;
- des points essentiels repérables d'un seul coup d'œil, à exploiter dans votre quotidien ;
- et, en fin d'ouvrage, les résultats des exercices commentés afin de capitaliser votre apprentissage et de vous aider à progresser.

Table des matières

Introduction

Vous êtes débordé mais vous hésitez toujours à déléguer certaines de vos tâches? Vous craignez de ne plus maîtriser vos résultats?

Vous redoutez que toute la reconnaissance aille à votre collaborateur? Vous pensez que personne n'est aussi consciencieux et efficace que vous, bref, que vous êtes irremplaçable?

Mettez de côté vos préjugés et demandez-vous au contraire ce que vous pourriez retirer d'une façon de faire telle que la délégation.

Cet ouvrage vous invite à progresser pas à pas dans la découverte de cet outil extraordinaire qui, utilisé à bon escient, peut avantager tous les protagonistes, du délégataire jusqu'à l'entreprise en passant par vous, le délégateur.

Tout d'abord, vous ferez très précisément le point sur vos besoins et attentes en matière de délégation. Vous apprendrez à sélectionner les tâches qu'il vous sera possible de confier sans risque, mais aussi, et surtout, le collaborateur sur lequel vous pourrez compter.

Vous découvrirez également comment déjouer les jalousies afin de réussir l'intégration de votre délégataire au sein de votre équipe. Pour cela, vous développerez vos facultés d'observation et de communication. Mieux, à la lecture de ces pages, vous saurez comment prévenir et anticiper les risques de la délégation pour vous préserver des mauvaises surprises.

Clair et pratique, enrichi de témoignages et d'exercices, cet ouvrage vous accompagne dans toutes les étapes de la mise en place de la délégation, en insistant sur deux atouts essentiels : votre faculté à vous adapter à votre collaborateur et votre capacité d'instaurer avec lui une relation de confiance.

À la fin de cet ouvrage, vous aurez compris que, bien plus qu'un outil utile et commode, la délégation est une pratique bénéfique, pour vous d'abord, mais également pour le collaborateur que vous entraînerez dans l'aventure. Vous gagnerez du temps et pourrez vous concentrer sur les tâches qui vous tiennent vraiment à cœur, tandis que le délégataire développera ses compétences et son autonomie, gagnant ainsi en efficacité.

Alors préparez-vous à organiser une délégation aussi efficace que transparente et profitable.

CHAPITRE 1

Comprendre les enjeux de la délégation

Les 3 objectifs du chapitre

1. Concevoir la délégation
2. Connaître les bénéfices de la délégation
3. Dépasser ses craintes

Sachez en quoi consiste la délégation

Vous aimeriez confier à l'un ou l'autre de vos collaborateurs certaines des tâches qui vous reviennent. Vous auriez ainsi un peu plus de temps pour vous consacrer à des affaires délicates ou moins opérationnelles. Mais savez-vous exactement comment procéder? Connaissez-vous les tenants et les aboutissants de cette expérience? Concrètement, quel rôle aurez-vous à jouer? Prenez le temps de comprendre la délégation avant de constater l'intérêt d'une telle démarche.

Déléguer une tâche

Vous avez sûrement déjà entendu parler de délégation, mais savez-vous exactement à quoi cela correspond en matière de préparation, de responsabilités, de suivi? Il s'agit, pour vous qui serez le délégateur (ou délégant), de confier à l'un de vos collaborateurs, appelé délégataire, une mission précisément définie. En fait, déléguer, c'est donner à son délégataire un but à atteindre dans le cadre d'un projet global ou d'une de ses composantes. Ce but pourra être:

• *permanent, ou presque:* la mission déléguée peut se prolonger dans le temps selon les besoins, avant de passer, à terme, sous l'entière responsabilité du délégataire. Cette situation sera une sorte de test pour ce collaborateur;

- *ponctuel et exceptionnel:* la délégation sera une action unique.

Notez qu'il n'y a aucune différence quant à la manière de déléguer dans l'une ou l'autre des situations, à une phase près: celle du suivi des opérations. Dans bien des cas, la délégation est comprise comme un transfert de compétences, mais il existe en fait deux grands types de délégation:

- *l'autorisation de signature,* qui consiste à autoriser une tierce personne à prendre à votre place des décisions nécessitant votre signature, c'est-à-dire pouvant impliquer la mobilisation de fonds. Or, cette situation peut être biaisée. En effet, le responsable conserve souvent la signature justement pour contrôler l'activité de ses collaborateurs; ainsi, la situation s'apparente-t-elle en pratique à un simple transfert de compétences ou de responsabilités;

- *la délégation de responsabilité,* qui consiste à confier à un collaborateur une responsabilité personnelle. À vous de délimiter clairement le champ d'action et de décision de votre collaborateur et de préciser les modalités du contrôle que vous comptez exercer.

Cette différence devrait vous permettre de déterminer rapidement les contours de votre délégation. Quelle que soit votre option, n'oubliez pas qu'une délégation n'est jamais un simple

MÉMENTO

Qu'est-ce que déléguer?

C'est donner à son délégataire une certaine autonomie pendant une période définie. Celui-ci choisira les moyens et les méthodes pour parvenir aux résultats attendus.

Pour ce faire:

- déterminez précisément la portée des activités à déléguer;
- choisissez votre collaborateur avec soin;
- accordez-lui votre confiance;
- déterminez avec lui son degré de responsabilités;
- laissez-le choisir sa manière d'agir;
- donnez-lui les moyens d'agir;
- investissez-le de l'autorité nécessaire;
- mettez en place un système de suivi.

transfert de compétences ou un abandon de responsabilités, et qu'elle implique un encadrement ainsi qu'une soigneuse préparation.

Déléguer ne signifie en aucun cas se décharger de toute responsabilité. Au contraire, il résulte de la délégation une double responsabilité : votre délégataire devra assurer les opérations qui lui seront confiées, tandis que vous répondrez toujours des résultats devant vos supérieurs. La délégation se joue donc à deux, ne l'oubliez pas ; en somme, il s'agit d'une entente réciproque entre deux individus qui visent les mêmes objectifs et aspirent aux mêmes résultats.

À présent, interrogez-vous sur les limites de la délégation. Pouvez-vous tout déléguer et dans n'importe quelles conditions ? La réponse est non, bien évidemment. Si vous avez décidé de vous lancer dans l'aventure, sachez que la délégation s'effectue dans un cadre bien précis. Mais quel rôle jouerez-vous donc ?

Le partage de la responsabilité dans une délégation

Délégateur	Délégataire
• Responsable des résultats obtenus et du contrôle / suivi de la délégation • Responsable de la bonne circulation de l'information	• Responsable du respect des objectifs fixés • Responsable du travail à réaliser, dans le contexte d'une grande autonomie de moyens

Clarifiez le rôle du délégateur

Vous avez un savoir et un savoir-faire pertinents, vous savez mener de front plusieurs projets et mandats... mais vous n'êtes pas le seul! Regardez autour de vous; ne voyez-vous pas des collaborateurs compétents auxquels vous pourriez faire confiance? Pensez à la délégation: cette pratique, si elle est bien utilisée, peut vous faire gagner un temps précieux. À condition de respecter les conditions de l'entente.

Ainsi, votre rôle consistera à:

- *déterminer précisément les objectifs* du mandat;
- *décrire rigoureusement les résultats* attendus;
- *accorder une certaine autonomie* au délégataire sans vous décharger complètement de vos responsabilités;
- *fournir les moyens* nécessaires;
- *surveiller le déroulement des opérations sans intrusion,* en affichant les méthodes de contrôle;
- *faire circuler l'information,* en particulier avec vos supérieurs.

Vous ne pouvez pas confier n'importe quelle tâche à n'importe lequel de vos collaborateurs, malgré toute la confiance que vous leur portez. Choisissez avec soin les mandats, en pensant toujours en fonction de la

---

TÉMOIGNAGE

Le délégateur: un personnage complexe

Cadre dans une firme de consultants depuis 12 ans, Henri a longtemps hésité avant de déléguer. Il découvre à chaque nouvel échange de nouvelles facettes de son personnage: «Être délégateur, c'est assumer un rôle complexe. D'abord, c'est à nous de choisir l'élu, celui que nous reconnaissons pour ses compétences et sa motivation, celui qui est digne de confiance. Il faut à la fois l'encourager et rester disponible pour lui tout en l'orientant, l'inciter à prendre des initiatives et à être autonome, l'écouter sans devenir son confident, l'aider, et également le sanctionner lorsque ça ne va pas. C'est une relation vraiment particulière. Déléguer, c'est établir une relation de confiance tout en maintenant une distance professionnelle raisonnable.»

valorisation (de votre collaborateur, de la qualité des tâches…). Et restez disponible : vous devez être un acteur dynamique de la délégation.

ET VOUS, OÙ EN ÊTES-VOUS ?

Savez-vous en quoi consiste la délégation ?

Répondez par vrai ou faux aux affirmations qui, selon vous, correspondent aux bonnes pratiques de la délégation et à ses principes de base.

	Affirmations	Vrai	Faux
1	La délégation consiste à donner une autonomie totale à mon collaborateur.		
2	Je dois contrôler en permanence, et sur tous les aspects, ma délégation et mon délégataire.		
3	La délégation me permet de me décharger de mes activités les plus fastidieuses.		
4	La délégation permet à la fois au délégataire et au délégateur de progresser.		
5	La délégation me fait gagner du temps.		
6	Je peux déléguer à n'importe qui dans mon équipe.		
7	La délégation ne nécessite aucune contrepartie pour le délégateur.		
8	La délégation est un bon outil de gestion des ressources humaines.		
9	Je suis responsable auprès de mes supérieurs des résultats obtenus dans le cadre de la délégation.		

Pour connaître le résultat de votre évaluation, reportez-vous à la page 144.

SECTION 2

Repérez ce que vous pouvez déléguer

Une tâche à déléguer n'est pas nécessairement difficile, ingrate ou inutile. Pour chaque activité ciblée, vérifiez si vous pouvez ou non les confier à vos collaborateurs, certaines étant trop délicates pour être laissées à un autre que vous ; il ne s'agit toutefois pas de transférer des opérations sur un coup de tête, au risque d'essuyer un véritable échec.

Priorisez vos tâches

Parmi toutes les tâches qui vous incombent, différenciez celles qui sont urgentes et prioritaires de celles qui sont secondaires. Puis estimez le temps nécessaire à l'accomplissement de chacune d'elles. Avez-vous le temps de toutes les traiter convenablement ? Non ? Alors vous devez déléguer certaines d'entre elles. Selon les spécificités de votre poste, cela peut être :

- *les opérations de routine :* vérification des frais de déplacement, suivi du flux de travaux, etc. ;
- *les travaux de détail :* contrôle de chiffres, recherche d'erreurs, traque de pannes informatiques, etc. ;
- *l'établissement d'une stratégie de recrutement ;*
- *le calcul de budgets ;*
- *le recueil d'information ;*
- *les tâches préparatoires* de travaux de synthèse, discours, rapports, etc. ;

- *les rendez-vous avec certains fournisseurs* ou clients ;
- *la représentation* dans certaines réunions ou salons/congrès/ manifestations – en effet, vous n'êtes pas obligé de vous déplacer vous-même dans toutes les circonstances.

De manière plus générale, la délégation peut concerner les opérations qui motivent vos collaborateurs désireux de progresser, les missions qui peuvent développer de nouvelles compétences chez vos délégataires ou encore, les futures responsabilités à faire exercer à un collaborateur en vue d'une promotion.

POUR ALLER PLUS LOIN

Les 3 groupes de Peter Drucker

Le théoricien américain du management, Peter Drucker, a divisé les tâches en 3 groupes distincts :

1. celles qui sont totalement inutiles pour vous et pour vos collaborateurs ;
2. celles qui peuvent et qui doivent être déléguées ;
3. celles qui ne doivent pas être déléguées.

Qu'en est-il de vos propres tâches ? Faites une liste de vos projets et de vos mandats. Quelles sont les tâches qui les composent ? Demandez-vous s'il est possible ou non de déléguer telle tâche ou tel groupe de tâches, et à qui.

Classez les tâches par ordre de priorité en fonction de leur importance et de leur échéance, évaluez le temps nécessaire à leur réalisation, puis confiez les opérations à votre délégataire.

Attention, priorité ne signifie pas simplicité ! Pour chacune des actions retenues, déterminez précisément les conditions de réalisation. Par exemple, donnez les objectifs de la stratégie de recrutement, choisissez l'information à recueillir et listez les sources, présentez les enjeux des représentations, etc.

Bien entendu, parmi toutes les tâches que vous pouvez déléguer, certaines peuvent vous tenir à cœur. Dans ce cas, n'hésitez pas à faire vos choix en fonction de vos préférences. Quant aux opérations épineuses, soyez prudent : certaines d'entre elles ne doivent en aucun cas être déléguées.

Concentrez-vous sur les tâches délicates

Augmentations de salaire, promotions, gestion de conflits… Vous ne pouvez pas déléguer n'importe quelle tâche. Certaines sont plus délicates que d'autres et doivent rester sous votre entière responsabilité. Vous devez veiller en particulier aux tâches confidentielles et à celles qui répondent aux objectifs stratégiques de votre entreprise. Si elles font partie de votre domaine de compétences, voici quelques exemples d'obligations dont vous ne pouvez vous dégager :

* *les décisions en matière de recrutement, de mutation,* d'affectation et de nomination – c'est à vous que revient la décision finale de la stratégie de recrutement, du choix des candidats et de l'orientation de vos collaborateurs ;
* *le contrôle des éléments clés de vos activités* de production, de service, etc. ;
* *la détermination des fonctions de vos subordonnés ;*
* *l'évaluation de vos collaborateurs,* ainsi que les sanctions et récompenses, notamment les décisions d'augmentation et de réévaluation de salaire, de promotion, etc. ;
* *les arbitrages de conflits ;*
* *les orientations de votre secteur* à plus ou moins long terme, car c'est vous qui avez la vue la

CONSEIL PRATIQUE

Comment repérer les tâches délicates ?

Certaines tâches sont trop épineuses pour être confiées à un tiers, comme celles :
* dont le but ou l'objectif est imprécis ;
* dont la responsabilité est partagée, car vous ne pouvez prendre de décision pour votre équipe ou votre direction au sujet de la délégation ;
* qui sont à un trop haut niveau d'autorité ou de décision.

À ce propos, les tâches d'ordre décisionnel doivent être regardées à la loupe. Pour chacune d'elles, posez-vous les bonnes questions :
* Quelles sont les conséquences de tel ou tel type de décision ?
* Quels sont les risques à assumer ?
* Qui, au bout du compte, sera responsable ?

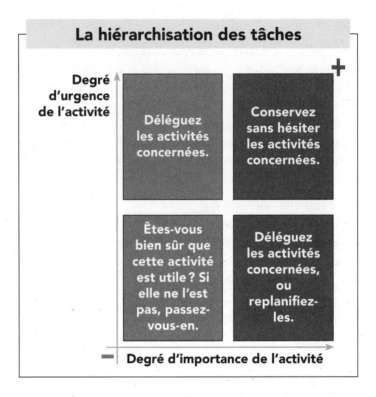

La hiérarchisation des tâches

Degré d'urgence de l'activité

Déléguez les activités concernées.

Conservez sans hésiter les activités concernées.

Êtes-vous bien sûr que cette activité est utile ? Si elle ne l'est pas, passez-vous-en.

Déléguez les activités concernées, ou replanifiez-les.

Degré d'importance de l'activité

plus générale de votre champ d'activité – ce qui ne doit pas vous empêcher de prendre en compte les remarques de vos collaborateurs ;

- *les choix de développement d'activités essentielles,* car vous êtes en contact direct avec la direction ;
- *l'interaction avec vos supérieurs,* qui doit se faire à double sens : vous transmettez l'information à vos supérieurs mais la rapportez également à vos subordonnés ;
- *la négociation de contrats* ainsi que toute relation clé avec l'extérieur de l'entreprise.

Les tâches délicates ne sont pas les seules que vous devez conserver. Vous pensiez pouvoir soulager votre emploi du temps et vous débarrasser de tâches ingrates en déléguant ?

Détrompez-vous. Vos collaborateurs ne sont pas là pour vous rendre la vie plus belle. N'oubliez pas que ce travail en binôme doit profiter à tous les participants, c'est-à-dire à vous, certes, mais aussi à votre collaborateur, qui fera ainsi évoluer ses compétences et connaissances.

Déléguer est un acte volontaire qui exigera de vous temps et énergie, car vous devrez préparer, suivre et vérifier la délégation. Toutefois, le temps que vous consacrerez à l'information et au suivi sera moindre que celui que vous y auriez passé si vous aviez dû vous en charger vous-même. Et là n'est pas le seul bénéfice de cette opération.

SECTION 3

Évaluez les bénéfices de la délégation

En tant que délégateur, vous, de même que tous les autres participants directs et indirects que sont le délégataire et l'entreprise, retirerez de cette expérience de véritables bénéfices. Vous évoluerez en même temps que votre collaborateur, tandis que votre équipe et, plus globalement, l'ensemble de votre entreprise, gagneront en efficacité.

Misez sur un rapport gagnant-gagnant

La délégation est un échange aux bénéfices réciproques. Ne pensez pas que vous tirerez vers vous tous les intérêts de cette démarche ou, à l'inverse, que vous n'en aurez que les inconvénients. En tant que délégateur:

- *vous gagnerez du temps:* une fois la délégation engagée, vous pourrez vous concentrer sur les tâches que vous êtes seul à pouvoir réaliser;
- *vous progresserez professionnellement* en dégageant du temps pour approfondir certaines de vos connaissances;
- *vous serez reconnu en prouvant que vous savez relever les défis.* Peut-être même obtiendrez-vous une augmentation de salaire, voire une promotion;
- *vous vous déchargerez d'une partie de votre stress,* qui reviendra à votre délégataire pour les tâches qui lui seront confiées.

Si votre promotion est une possibilité réelle, vous anticiperez la transition à venir en déléguant – ainsi, vos collaborateurs seront aptes à assumer vos responsabilités le jour J. Quant à vous, vous pourrez postuler avec un argument supplémentaire.

Quant à votre délégataire, il aura tout le loisir de développer des compétences qu'il n'utilisait pas jusqu'alors faute de pouvoir prendre des initiatives. Il vous prouvera qu'il est digne de confiance – n'a-t-il pas lui aussi besoin de reconnaissance ? Par ailleurs, chargé de nouvelles responsabilités, il trouvera de nouvelles motivations et sera encore plus efficace. En somme, votre délégataire aura l'occasion :

- de faire ses preuves ;
- d'accroître ses aptitudes et connaissances ;
- de progresser et révéler de nouvelles capacités ;
- de retrouver une nouvelle motivation ;
- d'établir des relations privilégiées avec vous, préparant ainsi la suite de sa carrière.

Même si la délégation exige temps et énergie, comment refuser de tels avantages ?... d'autant que votre équipe et toute votre entreprise bénéficieront, elles aussi, de cette initiative.

Systématisez l'organisation

La délégation pousse les collaborateurs concernés à s'investir toujours plus dans l'entreprise. Le délégataire comme le délégateur seront plus productifs et efficaces, car :

- le délégataire fera tout ce qui est en son pouvoir pour atteindre les objectifs fixés ;
- le délégateur, dégagé d'une partie de ses responsabilités, pourra répondre à de nouveaux besoins.

TÉMOIGNAGE

Partager les avantages

Bruno, responsable d'une équipe de production sur une chaîne de fabrication de chocolats, faisait quotidiennement du temps supplémentaire. Certain d'être le seul détenteur de l'expertise technique, il s'opposait à toute prise d'initiative de ses collaborateurs. Le déclic s'est fait à la suite d'un incident grave sur la chaîne de production : « J'ai alors choisi de désigner un "superviseur" d'une partie de la chaîne de production parmi les derniers arrivés. C'était un collaborateur très motivé, qui démontrait de véritables facultés d'adaptation et de maîtrise technique. Plusieurs échanges nous ont permis de délimiter la délégation. Je gardais la responsabilité de la chaîne tout entière, tandis que lui en supervisait une partie. Il était autonome sur les instructions passées aux ouvriers, il assurait un contrôle et une assistance de premier niveau.

Au bout de six mois, un premier bilan a montré que j'avais accru mon rôle de pilote, que je pouvais consacrer plus de temps à l'amélioration du processus de fabrication et à la gestion de mon équipe. Quant à mon délégataire, il développait ses compétences d'encadrement et de capacité de réaction, et il s'est très vite fait accepter par ses collaborateurs. Il apportait un soutien efficace, bien plus utile que les "visites de contrôle" que je pratiquais autrefois ! »

En pratique, votre délégataire et vous sortirez plus performants de l'expérience, un véritable plus pour l'entreprise qui peut y voir une sorte de méthode de formation informelle de ses collaborateurs.

Les témoignages (ci-dessus et ci-contre) révèlent ici tous les bénéfices que l'entreprise peut tirer de la pratique de la délégation ; le délégataire découvre de nouvelles motivations et s'investit de plus en plus, libérant le délégateur qui pourra se consacrer à d'autres tâches.

Il est possible de déléguer à tous les niveaux hiérarchiques. Cela augmente la rapidité des réponses aux problèmes qui se posent. N'est-ce pas une perte de temps que d'obliger chaque collaborateur à se tourner en toute circonstance vers ses supérieurs avant d'agir? Vous pourriez, en développant la délégation, débloquer plus facilement les situations et accélérer les prises de décisions.

TÉMOIGNAGE

Des bénéfices pour l'entreprise

Patrice, qui travaille au service des finances d'un office d'habitation qui gère des HLM, a identifié avec son patron un domaine d'activité dans lequel il souhaitait prendre plus de responsabilités. Alors qu'il accompagnait son patron à des réunions et préparait les dossiers pour l'information de ce dernier, il a indiqué son intérêt à assurer le suivi de l'ensemble des dossiers et à se rendre seul aux réunions. En somme, il proposait une délégation: «Mon supérieur a accepté à deux conditions: que les interlocuteurs habitués à travailler en direct avec lui consentent à cette nouvelle façon de faire, et qu'il puisse continuer à suivre les affaires malgré son absence aux réunions. Nous avons donc planifié des actions pour faciliter la transition. Mon patron m'a accompagné à trois autres réunions de travail, me laissant mener les discussions, après quoi je me suis rendu seul aux réunions. Chaque semaine, je le rencontrais pour faire le point. »

Déléguez sans crainte et sans complexe

Peut-être avez-vous encore quelques réticences à entreprendre une délégation, mais pour quelles raisons? Vos arguments sont-ils véritablement fondés? Vérifiez chacun d'eux pour ne pas qu'ils soient basés sur des préjugés. Dépassez vos craintes pour tenter l'expérience, et vous verrez que la délégation n'est pas insurmontable. Un seul mot d'ordre pour s'en sortir: être organisé.

Bravez vos préjugés

Certes, la délégation n'est pas une obligation, mais savez-vous ce qu'il pourrait vous en coûter si vous vous obstiniez à rejeter cette pratique?

- Votre horaire sera toujours extrêmement chargé par une accumulation de tâches de routine.
- Vous risquez de bâcler certains de vos projets.
- Vous freinerez votre évolution professionnelle.
- Vos collaborateurs pourraient se sentir sous-estimés.

Balayez vos préjugés! En effet:

- *vous ne surchargerez pas vos collaborateurs en leur confiant de nouveaux mandats.* C'est une crainte légitime mais infondée, car déléguer n'est pas imposer. Les délégataires choisis sauront vous dire s'ils sont ou non disponibles;

- *vous pouvez faire confiance à vos collaborateurs.* Vous les côtoyez depuis un certain temps et vous savez comment ils travaillent. N'ont-ils pas, tout autant que vous, l'envie de réussir ?
- *vous n'êtes pas toujours le meilleur.* Apprenez à regarder autour de vous et à reconnaître les compétences de vos collaborateurs ; certains sont au moins aussi compétents que vous dans certains domaines ;
- *vous ne travaillez pas plus vite seul.* Si les tâches sont bien distribuées et expliquées, vous gagnerez en efficacité ;
- *vous serez toujours reconnu par vos supérieurs.* Si vous déléguez efficacement, vous serez récompensé à juste titre : la reconnaissance n'ira pas directement et exclusivement à votre délégataire ;
- *vous contrôlerez toujours vos résultats.* En exerçant un suivi efficace, vous gardez un œil sur ce que vous avez délégué. Ce que vous ne maîtriserez pas, par contre, c'est la manière dont votre délégataire mènera sa mission à bien.

Ne vous fiez pas aux dires de votre entourage ; utilisez plutôt votre histoire personnelle pour surmonter vos craintes : vos supérieurs ne vous ont-ils pas déjà délégué certaines de leurs tâches ? Rappelez-vous les moindres détails de cette expérience en essayant de vous mettre à la place de votre patron.

Vous ne vous sentez pas capable d'organiser le mandat à confier en plus de votre charge quotidienne de travail ? Ne vous sous-estimez pas. Interrogez vos supérieurs sur leurs méthodes et demandez-leur conseil, ils vous donneront de précieuses recommandations.

Déléguer demande un sérieux travail de préparation et implique aussi un véritable engagement de la part du délégateur. Investissement et organisation, tels sont les secrets de la réussite.

MÉMENTO

Pourquoi s'attacher à des tâches mineures?

Cette question vous semble banale? Pourtant, indirectement, elle répond à une autre question: «Pourquoi n'ai-je encore jamais délégué?» Examinez les deux situations ci-dessous. Vous sentez-vous concerné? Si oui, il serait temps d'ouvrir les yeux.

- Je passe des heures sur des tâches de routine parce que les tâches délicates me stressent (prendre des décisions, donner des ordres...).
- J'encombre mon horaire de tâches simples mais concrètes, car cela me donne le sentiment d'avancer.

Êtes-vous sûr de pouvoir tout assumer seul? Ne pensez-vous pas que vos collaborateurs peuvent vous venir en aide? N'essayez pas de vous trouver de fausses excuses et faites le tour de ce que vous imaginez être des «obstacles à la délégation».

Planifiez soigneusement votre délégation

Lorsque vous aurez décidé de déléguer, prenez le temps de réfléchir. Ne foncez pas tête baissée sous prétexte que vous avez une tâche urgente à confier sans plus tarder.

Accordez-vous des plages horaires régulières pour réfléchir à l'organisation de la délégation. Notez toutes vos réflexions, vos doutes, vos interrogations et les solutions que vous imaginez. Puis procédez par étapes:

- *Faites une annonce officielle* en expliquant pourquoi vous déléguez, dans quel cadre et sur quelle durée.

- *Choisissez le ou les délégataires* en justifiant vos choix, puis expliquez à chacun d'eux les objectifs de son mandat.

- *Faites avec chacun d'eux le point sur les moyens* nécessaires.

- *Précisez très clairement à chacun d'eux les limites de la délégation,* les modalités de suivi, les résultats attendus et la façon d'en rendre compte.

Il est évident que ces étapes doivent s'enchaîner logiquement ; elles ne sont pas indépendantes les unes des autres, la délégation étant un processus continu. Par ailleurs, veillez à ne pas inverser les phases de définition de tâches et de recherche de candidat, afin de vous assurer de choisir ce dernier en fonction des résultats attendus.

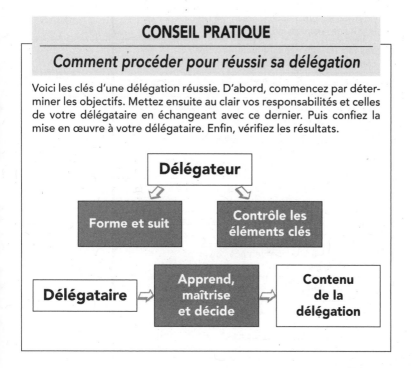

CONSEIL PRATIQUE

Comment procéder pour réussir sa délégation

Voici les clés d'une délégation réussie. D'abord, commencez par déterminer les objectifs. Mettez ensuite au clair vos responsabilités et celles de votre délégataire en échangeant avec ce dernier. Puis confiez la mise en œuvre à votre délégataire. Enfin, vérifiez les résultats.

Délégateur

Forme et suit

Contrôle les éléments clés

Délégataire

Apprend, maîtrise et décide

Contenu de la délégation

Tout au long de la délégation, vous devez rester disponible même si votre délégataire doit faire preuve d'une certaine autonomie. Soyez clair dès les premiers instants de l'échange : vous communiquerez à intervalles réguliers, sauf pour des cas exceptionnels.

ET VOUS, OÙ EN ÊTES-VOUS ?

Êtes-vous prêt pour la délégation ?

La grille ci-dessous vous permettra de savoir si vous êtes prêt à vous lancer dans l'aventure ou si vous avez d'abord quelques actions préparatoires à mener.

		Oui	Non
1	Je centralise aujourd'hui l'ensemble des décisions relatives au bon fonctionnement de l'équipe et à la qualité de ses productions.		
2	Les tâches sont actuellement réparties par compétences.		
3	Je suis débordé par les tâches de gestion au quotidien.		
4	Il y a dans mon équipe des personnes capables de prendre en charge de nouvelles tâches.		
5	Je fais confiance à mes collaborateurs.		
6	Je fixe actuellement des objectifs à mon équipe.		
7	J'ai développé un savoir-faire en matière de formation de mes collaborateurs.		
8	Je sais comment contrôler les travaux réalisés par mes collaborateurs et les résultats obtenus par l'équipe.		
9	Je connais bien les compétences de mes collaborateurs.		
10	Je connais dans le détail ce que fait mon équipe.		
11	Je laisse de l'autonomie à certaines personnes.		
12	Les moyens matériels et les possibilités de formation sont très limités.		
13	Mes supérieurs m'ont déjà délégué des tâches.		

Pour connaître le résultat de votre évaluation, reportez-vous à la page 145.

L'ESSENTIEL

Déléguer ne s'improvise pas. Cette pratique particulière répond à des règles précises qu'il vaut mieux connaître avant de s'engager.

1 COMPRENEZ LA NOTION DE DÉLÉGATION

Déterminez les tâches à déléguer avant de choisir une personne de confiance. Souvenez-vous que la délégation implique une responsabilité à la fois de la part du délégataire et de votre part, vous qui êtes le délégateur.

2 SÉLECTIONNEZ AVEC SOIN LES TÂCHES À DÉLÉGUER

Déléguez les tâches qui peuvent l'être tout en conservant les mandats délicats. Ne vous servez pas de vos collaborateurs pour vous débarrasser des tâches ingrates.

3 ÉQUILIBREZ LES AVANTAGES DE LA DÉLÉGATION

Souvenez-vous que la délégation doit profiter à la fois au délégateur – c'est-à-dire vous – et au délégataire, de même qu'à l'équipe et à l'entreprise.

4 SURMONTEZ VOS CRAINTES

Dépassez vos préjugés et balayez vos mauvaises excuses du revers de la main. Convainquez-vous de l'intérêt de cet outil qu'est la délégation.

5 PLANIFIEZ LA DÉLÉGATION

Réfléchissez soigneusement à la délégation : choisissez votre délégataire avant de définir les limites du mandat et le mode de supervision. Avancez par étapes en préparant chacune d'entre elles.

NOTES PERSONNELLES

CHAPITRE 2

Bien préparer sa délégation

Les 3 objectifs du chapitre

1. Évaluer ses capacités de gestionnaire délégateur
2. Intégrer la délégation dans son environnement
3. Fournir des moyens d'action

SECTION 1

Faites le point sur vos compétences

À l'aube d'une nouvelle expérience, il est temps de savoir quelles sont les compétences que vous maîtrisez véritablement. Dressez un bilan avant de lister celles qui vous seront utiles pour endosser le rôle de délégataire : savez-vous faire confiance, êtes-vous capable de suivre une tâche à bonne distance ? Peut-être aurez-vous à développer certaines aptitudes avant de déléguer.

Spécifiez votre savoir-faire

Concrètement, que savez-vous faire ? Quelles compétences avez-vous acquises au cours de votre carrière ? Revenez un instant sur votre parcours en insistant sur les obstacles que vous avez rencontrés et sur la manière dont vous les avez surmontés. Notez vos réussites, bien sûr, mais aussi vos échecs :

- *Mettez votre curriculum vitæ à jour* en détaillant vos expériences les plus importantes et en ajoutant les récentes formations que vous avez suivies, le cas échéant.
- *Regardez de près les résultats* que vous avez enregistrés ces derniers mois.
- *Étudiez votre situation actuelle* en définissant précisément votre poste (mandats, projets, responsabilités) et votre rôle dans l'équipe qui vous entoure.

Savez-vous diriger? Insufflez-vous un élan dynamique à votre équipe? Êtes-vous capable de motiver et de soutenir vos collaborateurs? Parvenez-vous à sanctionner quand il le faut? Quelles sont les compétences que vous estimez maîtriser parfaitement et qui, en conséquence, pourraient être déléguées? Telles sont les questions auxquelles vous devez répondre sincèrement.

Mais attention, vos impressions ne sont peut-être pas les bonnes. Il existe parfois un décalage entre ce que vous pensez être et la manière dont les autres vous perçoivent. Aussi, il est nécessaire de demander l'avis de votre entourage professionnel (voir l'encadré «Conseil pratique» ci-contre).

Sachez vous remettre en cause et acceptez les critiques. Vous n'êtes pas parfait et devez changer ce qui ne va pas. Pour cela, une seule solution: prendre conscience de vos erreurs.

À présent, concentrez-vous sur les compétences caractéristiques du délégateur. Ce sont celles-ci précisément que vous devrez développer dans un avenir proche.

Évaluez vos aptitudes de gestionnaire délégateur

Pour mettre toutes les chances de votre côté en matière de délégation, vous devrez utiliser quelques

CONSEIL PRATIQUE

Effectuer un 360°

Cet outil pose une quarantaine de questions sur vos qualités et compétences managériales à une vingtaine de personnes de votre entourage. Il vous permet de savoir ce que les autres pensent de vous: supérieurs hiérarchiques, collaborateurs et subordonnés. Comptez environ trois semaines que vous programmerez ainsi:

- commencez par vous autoévaluer en répondant au questionnaire, qui fonctionne généralement avec une échelle de quatre niveaux, du «toujours vrai» au «jamais vrai»;
- puis transmettez le questionnaire à votre entourage: direction et subalternes, collaborateurs, voire clients et fournisseurs;
- enfin, comparez les résultats obtenus et illustrez-les au moyen de graphiques.

Au vu des réponses, dressez une liste des compétences que vous avez à développer, car le 360° n'est pas un simple bilan de compétences mais un réel outil de progression.

compétences managériales spécifiques. Mais quelles sont-elles? Posez-vous les questions suivantes et répondez-y sincèrement, exemples concrets à l'appui. Au besoin, demandez l'aide d'un tiers qui vous connaît bien.

- *Suis-je capable de me séparer de certaines de mes activités?* Si oui, lesquelles? Faites la liste de ces tâches en les décrivant précisément.
- *Puis-je manifester de la confiance à l'un de mes collaborateurs?* Est-ce déjà arrivé et dans quelles circonstances?
- *Est-ce que je sais évaluer les compétences de mes collaborateurs,* non pas de manière globale mais ponctuellement, sur une opération précise?
- *Ai-je déjà supervisé des mandats* sans m'immiscer dans leur déroulement?

Faire confiance, évaluer objectivement, superviser tout en acceptant l'autonomie de son délégataire, toutes ces aptitudes sont essentielles pour endosser le rôle qui vous attend.

Être un bon gestionnaire délégateur, c'est trouver un équilibre entre favoriser l'autonomie et continuer à piloter les activités. Veillez à garder un juste milieu entre ces deux orientations, car le risque est grand de faire pencher la balance d'un côté ou de l'autre. En l'absence d'un tel équilibre, vous pourriez être perçu:

- *comme étant trop laxiste ou permissif,* alors que votre délégataire doit se sentir soutenu et suivi;
- *comme quelqu'un qui ne veut pas vraiment déléguer,* ce qui pourrait jouer sur la confiance de votre collaborateur. Ce dernier finirait même par douter de ses aptitudes.

Notez que plus les tâches sont réparties, plus il est facile de déléguer. Mais attention, car la délégation n'est réellement intéressante que si les tâches ou le processus incluent des prises de décisions ou des tâches connexes qui étaient faites par le niveau supérieur avant la délégation. La capacité à trouver et maintenir un bon équilibre ne vient pas du jour au lendemain; cela s'apprend au fil des expériences et demande parfois du temps. Aussi, ne vous faites pas trop de soucis si vos premières délégations sont un peu longues à mettre en place.

MÉMENTO

Le rôle du gestionnaire

Rappelez-vous les raisons d'être du gestionnaire. Il doit savoir:
- dégager des objectifs;
- organiser son équipe;
- mettre à disposition des moyens d'action suffisants;
- engager des actions;
- coordonner ces dernières et maîtriser les résultats.

Parmi cette liste qui présente les qualités générales d'un gestionnaire, quelles sont celles que vous maîtrisez?

ET VOUS, OÙ EN ÊTES-VOUS ?

Avez-vous le profil d'un gestionnaire délégateur ?

La grille ci-dessous vous permettra de savoir si vos pratiques de gestion sont adaptées à la mise en place d'une ou de plusieurs délégations.

		Oui	Non
1	Je dirige sans trop d'autoritarisme l'ensemble des activités de mon équipe.		
2	Je gère bien mon temps.		
3	Je m'investis dans la gestion des ressources humaines de mon équipe.		
4	Je cherche à répartir au mieux les tâches entre mes collaborateurs.		
5	Je n'hésite jamais à écouter mes collaborateurs lorsqu'ils rencontrent une difficulté.		
6	Je sais organiser des rencontres d'évaluation et de détermination d'objectifs.		
7	Je maîtrise les méthodes de planification et de suivi de projet.		
8	Je sais adapter ma gestion aux différentes situations avec mes collaborateurs.		
9	Je suis prêt à aider un collaborateur à améliorer des compétences utiles à une nouvelle tâche.		
10	Je sais faire la différence entre activités stratégiques et activités opérationnelles.		
11	Je suis transparent en matière de circulation d'information au sein de mon équipe.		
12	Je sais prendre des risques mesurés.		

Pour connaître le résultat de votre évaluation, reportez-vous à la page 146.

SECTION 2

Clarifiez vos besoins

Avant de choisir votre délégataire et de déterminer les objectifs de la délégation, réfléchissez soigneusement à vos besoins, notamment en matière de partage de responsabilités. Devez-vous confier toutes les responsabilités à votre collaborateur ou plutôt les partager ? Répondez « oui » à la seconde partie de la question et vous encouragerez votre délégataire à prendre des initiatives. Si cela n'était pas suffisant, optez pour un comportement motivant.

Partagez les responsabilités

Attention, la responsabilité se partage, elle ne se délègue jamais totalement. Au bout du compte, c'est vous qui serez redevable des résultats aux yeux de vos supérieurs, ne l'oubliez pas.

Le partage n'est pas simple. Pour obtenir les résultats escomptés, mieux vaut travailler dans un climat favorable. En effet, votre délégataire n'acceptera pas de prendre et d'assumer ses responsabilités dans n'importe quelles conditions. Pour créer un climat propice à la collaboration :

- *faites confiance à votre délégataire* et montrez-le-lui ;
- *laissez votre collaborateur s'exprimer* lorsqu'il en ressent le besoin ;
- *faites-lui comprendre que vous lui accordez le droit à l'erreur.*

MÉMENTO

Ce qui freine ou favorise la prise de responsabilités

Voici un aperçu des situations qui influencent la prise de responsabilités. À vous d'en tenir compte pour instaurer un environnement favorable.

Accélérateurs	Freins
Poursuivre des objectifs clairs	Réaliser des tâches sans intérêt
Avoir la possibilité de choisir sa méthode de travail	Devoir suivre les ordres sans aucune liberté
Se sentir soutenu et encouragé	Être sans appuis
Avoir accès à une personne compétente en cas de problème	Recevoir des informations partielles de différentes personnes
Obtenir des résultats concrets à diverses échéances	Être exclu des prises de décisions
Être récompensé	Manquer de moyens

Une fois le partage des responsabilités établi, un conseil : veillez à ne pas vous laisser aller. En pratique, lorsque tout fonctionne parfaitement, le délégateur a tendance à se libérer totalement de sa tâche. Vous serez sûrement tenté d'agir de la même façon ; vous finirez alors par apprendre les dérapages de l'extérieur, si dérapage il y a, et devrez revenir mettre de l'ordre dans votre propre maison. Peut-être même serez-vous amené à assumer de fâcheuses conséquences. Aussi, soyez vigilant : mieux vaut prévenir que guérir.

Déterminer l'étendue des responsabilités de chacun favorisera la prise d'initiative. N'êtes-vous pas plus à l'aise pour prendre des décisions lorsque vous savez que vous en assumerez les conséquences ? Cela vaut aussi pour vos collaborateurs. Mais si le déclic ne se produit pas, si votre collaborateur reste trop timoré, n'hésitez surtout pas à le décomplexer.

Déterminez le bon niveau de partage de responsabilités : une activité déléguée peut se décomposer en sous-activités. Dans ce cas, interrogez-vous sur le niveau d'autorité nécessaire à chacune. Par exemple, déléguer une activité commerciale peut comprendre une délégation en matière de contact avec le client, de suivi des clients potentiels, de préparation de supports publicitaires, de négociation...

- *Faites le point sur chacune des sous-activités* en différenciant, le cas échéant, le degré de responsabilité donné au délégataire. Dans l'exemple qui précède, la responsabilité pourrait être entière sur l'ensemble de ces sous-activités à l'exception de la négociation, qui devrait être préparée au préalable avec le délégateur.

- *Vous pouvez adapter le degré de responsabilités en fonction de l'importance du client :* par exemple, pour des contacts avec des entreprises de plus de 1 000 personnes, le délégateur accompagnera systématiquement son délégataire.

Adoptez une démarche incitative

Même si vous choisissez un collaborateur à la hauteur des objectifs fixés, ce dernier n'osera peut-être pas aller de l'avant et prendre des initiatives, soit parce qu'il n'a pas l'habitude, soit parce qu'il se sent peu à l'aise.

Dans tous les cas de figure, adoptez une démarche positive. Incitez-le à prendre des décisions et à développer son autonomie dans l'aire d'évolution qui lui est octroyée. Votre comportement au cours de la délégation revêt une importance toute particulière. Vous devez donner à votre collaborateur l'envie de prendre les devants sans outrepasser ses responsabilités :

- *Appliquez le principe de subsidiarité au sein de votre équipe.* Répartissez les tâches, responsabilités et décisions au bon niveau d'autorité. Cela favorisera la prise d'initiatives du délégataire le moment venu (voir l'encadré « Pour aller plus loin » à la page suivante).

POUR ALLER PLUS LOIN

La subsidiarité

«Principe selon lequel, dans une entreprise, tout échelon supérieur s'interdit de réaliser lui-même ce qu'un échelon inférieur peut réaliser.»

(Termium Plus, la banque de données terminologiques et linguistiques du gouvernement du Canada)

Le principe de subsidiarité veut que lorsqu'un problème excède les capacités d'un collaborateur, l'échelon supérieur a alors un devoir de soutien, dans les limites du principe de subsidiarité. Établir le principe de subsidiarité, c'est donc veiller à ne pas faire faire au niveau supérieur ce qui peut l'être au niveau inférieur avec autant d'efficacité.

- *Soyez explicite quant aux aptitudes et aux limites de votre collaborateur.* Notamment, évaluez ses lacunes au cas par cas. Dites-vous que s'il ne fait pas quelque chose, c'est peut-être qu'il ne sait pas le faire. Ayant repéré le problème, tâchez d'y remédier par un transfert d'expérience.

- *Assurez-vous que les tâches confiées sont vraiment motivantes.* Peut-être le sont-elles pour vous mais pas pour votre collaborateur. Si elles ne le sont pas pour lui, procédez à quelques rééquilibrages:
  - allégez le programme de votre délégataire en prenant certaines tâches à votre compte ou en lui demandant de les confier à quelqu'un d'autre ;
  - variez son programme en échangeant certaines tâches avec lui ou en lui confiant de nouvelles tâches plus agréables ou motivantes pour lui.

- *Évitez de répondre immédiatement aux appels à l'aide du délégataire.* Il doit apprendre à trouver lui-même les solutions à ses problèmes.

- *Expliquez à votre collaborateur qu'il doit se tenir informé des facteurs qui pourraient influencer ses activités.* Il ne doit pas attendre que l'information lui parvienne sans effort.

- *De façon générale, incitez votre collaborateur à être proactif,* c'est-à-dire à agir avant qu'une situation ne devienne une cause de confrontation ou de crise.

Faites comprendre à votre collaborateur qu'une méthode de travail n'est pas figée, qu'elle évolue au fil du temps et s'adapte en fonction des résultats intermédiaires. À lui de s'organiser dans ce domaine. Restez toutefois disponible pour le conseiller.

Au bout du compte, votre collaborateur doit être devenu autonome, c'est-à-dire qu'il doit être capable de trouver lui-même des solutions sans se couper complètement de son environnement, car autonomie ne signifie pas indépendance. Lorsque les décisions à prendre sont vraiment importantes, il doit savoir vers qui se tourner au moment opportun : collègues, collaborateurs externes et internes, délégateur…

Analysez votre environnement

Avant de vous lancer à corps perdu dans la délégation, regardez autour de vous. Votre environnement est-il réellement propice à une telle initiative ? Quelles sont les habitudes de votre entreprise ? Comment travaillent vos propres patrons ? Procédez à une analyse rapide de votre milieu avant de vous tourner vers votre équipe. Vos collaborateurs auront peut-être besoin de vous pour comprendre et intégrer cette nouvelle pratique qu'est la délégation.

Tenez compte de la culture de votre entreprise

La tendance est à la réduction des niveaux hiérarchiques, compétitivité oblige. En effet, la concurrence entraîne les entreprises à faire toujours mieux à moindre coût. Ainsi, l'organisation s'aplatit, l'autorité descend vers le personnel non cadre, la délégation se banalise. Qu'en est-il de votre entreprise ? Suit-elle le mouvement général ?

La culture de votre environnement en matière de délégation influencera votre propre démarche. Si votre entourage a l'habitude de déléguer, vous serez mieux préparé et mieux soutenu que dans une entreprise où la notion de délégation est étrangère à tous.

Pour savoir dans quelle entreprise vous évoluez, demandez-vous ce que font vos supérieurs : ont-ils l'habitude de vous déléguer des tâches ? Sinon, demandez-vous pourquoi ils ne le font pas. N'hésitez pas à les interroger à ce sujet.

POUR ALLER PLUS LOIN

Pourquoi réduire les niveaux de hiérarchie ?

Si les entreprises choisissent aujourd'hui d'aplatir leur organisation en limitant les niveaux hiérarchiques, c'est pour répondre à plusieurs constats :

- En cette période d'accélération de la production et des prestations de services, les entreprises doivent répondre au plus vite aux besoins de leurs clients. Elles ne peuvent se permettre de perdre la moindre minute. Déléguer, c'est aussi gagner du temps si cela permet de limiter le nombre d'échelons.
- Le personnel dit « de première ligne », c'est-à-dire en contact direct avec la production ou la prestation, connaît mieux son travail que son supérieur. Il est plus à même de trouver les solutions en cas de problème et de chercher des voies d'amélioration en ce qui concerne ses activités. Il est donc logique qu'il puisse prendre des décisions.
- Il semble que les employés recherchent une motivation permanente : en fait, ce sont eux qui demandent qu'on leur délègue des responsabilités.

Au-delà de la culture de votre entreprise en matière de délégation, répondez aux questions suivantes. Elles vous permettront de réfléchir plus efficacement aux conditions de mise en place d'une délégation en faisant notamment ressortir les difficultés auxquelles vous risquez de vous heurter :

- *Quelles sont vos conditions de travail ?* Quels sont vos horaires et ceux de votre délégataire éventuel ? Vos bureaux sont-ils proches ou éloignés ?

- *Quels sont les choix stratégiques de votre entreprise ?* Sont-ils arrêtés ou en cours de développement ? En d'autres termes, pouvez-vous les divulguer ou sont-ils encore confidentiels ?
- *Quelles sont les valeurs de votre entreprise ?* Sont-elles claires et bien connues de tous les employés ?
- *Comment est organisée votre entreprise ?* De façon formelle ou informelle ?
- *Quelle est la conjoncture* de votre secteur d'activité ?

CONSEIL PRATIQUE

Lorsqu'il faut éviter de déléguer

Attention ! Évitez de déléguer si vous travaillez dans une microentreprise ou si vous lancez une nouvelle unité ou un nouveau secteur d'activité. Toutes les périodes ne sont pas propices à l'instauration d'une délégation.

Lorsque vous aurez fait le point sur votre environnement, concentrez-vous sur votre entourage proche. Devrez-vous initier votre équipe à cette façon de faire ?

Instaurez la délégation à l'échelle d'une équipe

Au sein de votre équipe, certains de vos collaborateurs ne sont peut-être pas familiers avec la délégation. Vous devrez donc faire en sorte que l'expérience soit comprise et acceptée de tous.

Si la délégation doit être étendue à toute votre équipe, pensez à communiquer cette information suffisamment à l'avance ; ainsi, vous ferez mieux accepter vos décisions.

- *Organisez une réunion informelle de présentation sur le sujet* en laissant chacun exprimer ses doutes et ses attentes. Tenez compte des remarques de l'assemblée sans pour autant perdre de vue vos objectifs.

- *Faites un remue-méninges avec votre équipe* pour faire le point sur la connaissance de chacun de ses membres dans ce domaine. Si votre équipe est déjà familière avec cette pratique, essayez de relever les différences entre les usages instaurés et ce que vous proposez.

- *En équipe, dressez la liste des tâches qui pourraient être déléguées* en vérifiant leur faisabilité en fonction des compétences et des risques. Par exemple, chaque membre de l'équipe est (ou a été) en contact avec les fournisseurs; quelqu'un pense-t-il que déléguer une tâche de relation avec la clientèle présente des risques? Attention: faire la liste des tâches à confier ne revient pas à choisir ses tâches. La décision vous revient personnellement.

Au bout du compte, la délégation doit s'intégrer au cœur même de l'équipe. En effet, votre délégataire ne sera pas autonome du jour au lendemain. Que celui-ci soit nouveau ou ancien dans l'équipe, il devra toujours interagir avec celle-ci. Peut-être vous faudra-t-il modifier quelque peu son organisation pour parvenir à un nouvel équilibre. Essayez de passer moins de temps à donner des instructions et à contrôler pour passer plus de temps à écouter vos collaborateurs. Chacun doit retrouver sa place en fonction des nouvelles règles du jeu. Pour cela:

- *conservez et développez votre rôle d'animateur:* multipliez les échanges et suscitez les moments d'écoute formels et informels;

- *veillez à ce que chacun continue à poursuivre les mêmes buts* et objectifs:
  - soyez attentif à la cohésion de l'équipe ainsi qu'à l'évolution individuelle de ses membres;
  - favorisez de nouvelles actions de progression.

Veillez à adapter votre gestion aux personnes de l'équipe à qui vous n'avez pas délégué. Optez, dans ce cas, pour une gestion un peu plus directive en évitant de trop différencier les délégataires et les autres en matière de relations et de valorisation.

CONSEIL PRATIQUE

Déléguer au sein d'un comité de direction

Si vous travaillez au sein d'un comité de direction, avant de songer à déléguer vous devez absolument connaître les sphères de décision qui vous sont imparties. Par exemple :

- si vous êtes directeur des ressources humaines, savez-vous jusqu'où vous pouvez prendre des décisions sans en référer au patron en matière de formation, de recrutement, etc. ?
- si vous êtes directeur des ventes, pouvez-vous cibler vos clients ?

Vous pourrez facilement déduire les décisions qui sont prises collectivement. Une fois le cadre fixé, vous serez plus à même de déterminer et de répartir les responsabilités de vos collaborateurs.

SECTION 4

Mettez en place des conditions propices

Pour préparer une délégation de la meilleure façon, une étape ne doit absolument pas être escamotée: la présentation de vos objectifs. Vérifiez que ceux-ci sont bien compris par le délégataire. Cette étape est indispensable à la réussite de la délégation, à condition que vous pensiez aussi aux moyens – financiers, matériels, humains – permettant d'atteindre lesdits objectifs.

Présentez les objectifs

Il est temps de clarifier vos objectifs. Bien sûr, vous les connaissez et les comprenez, puisque c'est vous qui les avez établis… Mais qu'en est-il de votre délégataire? Êtes-vous certain qu'il les connaît parfaitement?

Pour commencer, clarifiez le contexte:

- *Présentez les enjeux de la mission de manière globale,* en insistant sur les relations avec la stratégie générale de l'entreprise et les objectifs de votre secteur.
- *Précisez les liens qui peuvent exister entre la mission en question et les autres projets* en cours.

Ensuite, faites ressortir les objectifs à long terme:

- *Détaillez les étapes nécessaires pour y parvenir* ainsi que les actions à entreprendre pour franchir ces différentes étapes.

CONSEIL PRATIQUE

Tester la validité de ses objectifs

Pour vérifier les critères de validité de vos objectifs, utilisez l'outil d'analyse SMART. Vos objectifs sont-ils :

- spécifiés (bien formulés) ?
- mesurables ?
- acceptables ?
- réalistes ?
- situés dans le temps ?

- *Insistez sur les étapes intermédiaires,* car cela rendra le mandat de votre délégataire concrètement réalisable. Grâce à elles, il saura s'il est vraiment capable d'assumer les responsabilités que vous désirez lui confier.

Aussi, soyez réaliste et ne cachez pas les difficultés qui peuvent exister : votre délégataire doit savoir à quoi s'en tenir. La présentation de vos objectifs est aussi l'occasion de réfléchir aux moyens nécessaires à la réalisation de la tâche confiée.

Faites le point sur les moyens nécessaires

Commencez par vous poser cette question : le fait de déléguer une tâche suppose-t-il des moyens supplémentaires pour le délégataire ? *A priori,* oui. Le collaborateur doit avoir un pouvoir véritable et visible, mais cela ne suffit pas : il a besoin de moyens particuliers pour mener à bien son mandat. Ces moyens ne sont pas les mêmes pour tous, car ils dépendent de la situation, des tâches à accomplir et des aptitudes du candidat. Pensez entre autres à :

- *une enveloppe budgétaire* spécifique – globale ou partielle ;
- *des collaborateurs :* peut-être aura-t-il besoin des savoir-faire, compétences et connaissances de membres particuliers de votre entreprise ou même de spécialistes externes ; vous pouvez également adjoindre à votre délégataire, si nécessaire, les services d'une personne l'assistant le temps de son mandat ;
- *des outils,* comme les cadres de travail, procédures, textes de loi, etc. ;

- *un matériel particulier* selon les tâches confiées : produits informatiques, logiciels, papeterie, salles de réunion, espace de travail plus grand, etc. ;
- *la logistique,* pour les cas où des déplacements sont prévus : restauration, transport et hébergement ;
- *des données bibliographiques* qui concernent la réalisation des tâches confiées : littérature spécialisée, coupures de presse, thèses et mémoires, etc.

Dans tous les cas, n'oubliez pas que votre collaborateur a son mot à dire. En effet, il décide de ses méthodes d'action ; les moyens nécessaires sont donc finalement choisis d'un commun accord.

MÉMENTO

À quoi sert un objectif ?

Quel que soit le projet ou le mandat à entreprendre, établir un ou plusieurs objectifs est indispensable :

- L'objectif rend le projet accessible. En effet, associer aux mots qui définissent un projet des actions concrètes et intermédiaires rassure. Par exemple, un de vos supérieurs vous demande « de déléguer ». Un autre vous sollicite pour « choisir une tâche à déléguer, puis un collaborateur à qui la confier avant d'établir des moyens de supervision, de sanction et de récompense ». Auquel vous est-il plus aisé de répondre ?
- L'objectif concentre l'énergie du responsable du mandat sur les activités définies. Il ne perd pas son temps à établir des moyens d'action.
- L'objectif permet de réorienter le déroulement des opérations alors qu'il en est encore temps. En effet, fixer des objectifs globaux et des objectifs d'étape, ordonner et détailler des tâches permet de toujours savoir où on en est en matière de délai, de budget, etc. À cet égard, il est utile de rappeler l'importance de l'autocontrôle, qui consiste pour chacun à évaluer lui-même les résultats de son action en fonction de critères objectifs et définis (autant que possible).

CONSEIL PRATIQUE

Pour mettre son délégataire sur la voie

Pour mieux déléguer, vous pouvez mettre en place une formation (souvent utile pour mettre en confiance le délégataire) ou bien un pairage temporaire entre un membre de la direction – qui a alors un statut d'expert – et le délégataire.

À en juger par les résultats recensés dans des études de cas en entreprise, il semble que la délégation demande dans un premier temps légèrement plus de moyens qu'une activité non déléguée. Après quelques mois de pratique, toutefois, les deux reviennent au même niveau.

ET VOUS, OÙ EN ÊTES-VOUS ?

Savez-vous formuler un objectif de délégation pertinent ?

La grille ci-dessous propose, dans un contexte où on délègue les relations avec la clientèle, cinq formulations d'objectifs. Lesquelles vous semblent les plus pertinentes ? Pourquoi ?

	Affirmations	Oui	Non
1	La délégation doit permettre de mieux maîtriser les relations avec la clientèle de mon service.		
2	La délégation doit permettre d'augmenter de 10 % la satisfaction des clients de mon service.		
3	La délégation doit permettre la tenue de deux réunions internes consacrées à l'amélioration des relations avec les clients de mon service.		
4	La délégation doit permettre de définir dans trois mois un plan d'action précis pour augmenter la satisfaction des clients de mon service.		
5	La délégation doit permettre au bout de six mois de réduire de moitié le nombre de réclamations formulées chaque mois par les clients.		

Justifications

_____

_____

_____

_____

_____

_____

_____

_____

_____

_____

Pour connaître le résultat de votre évaluation, reportez-vous à la page 147.

L'ESSENTIEL

Se préparer à déléguer, c'est faire le point sur ses capacités et ses compétences de délégateur avant de déterminer les moyens nécessaires au bon déroulement du mandat du délégataire.

1 ÉVALUEZ VOS APTITUDES SPÉCIFIQUES DE GESTIONNAIRE DÉLÉGATEUR

Faites le point sur vos compétences et listez celles qui sont essentielles à la délégation. Développez-les si nécessaire.

2 CLARIFIEZ VOS ATTENTES

Préparez-vous à partager les responsabilités en gardant à l'esprit que vous, en tant que délégateur, restez redevable des résultats devant vos patrons.

3 ENCOURAGEZ L'AUTONOMIE

Incitez votre délégataire à prendre des initiatives et à faire preuve d'autonomie sans le pousser à l'indépendance.

4 TENEZ COMPTE DE VOTRE ENVIRONNEMENT

Reconnaissez les habitudes de votre entreprise et de votre équipe en matière de délégation. Adaptez-vous au milieu.

5 METTEZ DES MOYENS À DISPOSITION

Donnez à votre délégataire des moyens humains, financiers et matériels suffisants pour gagner en efficacité et mettre en place un environnement de travail favorable.

NOTES PERSONNELLES

CHAPITRE 3

Choisir le bon collaborateur

Les 3 objectifs du chapitre

1. Bien évaluer les candidats

2. Officialiser son choix

3. Adapter sa délégation au délégataire

Choisissez un collaborateur fiable

Il s'agit à présent de choisir un délégataire parmi vos colla-borateurs. Certes, la décision n'est pas simple à prendre, mais elle est inévitable. Sachez sur quels critères évaluer les candidats, car les seules compétences ne suffisent pas. L'«élu» devra aussi être motivé et, bien sûr, disponible.

Distinguez compétences et motivation

La délégation compte deux acteurs principaux : le délégataire et vous. La réussite de l'entreprise repose donc sur les aptitudes et compétences des deux partenaires. Choisir son délégataire est une étape décisive.

- *Commencez par présélectionner vos candidats.* Pour ce faire, utilisez cette méthode simple qui consiste à bâtir un tableau à quatre colonnes :

Tâches à déléguer	Compétences requises	Personnes détenant les compétences dans votre équipe	Personnes pouvant acquérir les compétences

- *Organisez ensuite une rencontre individuelle avec chaque candidat pressenti.* Le délégataire trouvera là l'occasion d'en savoir un peu plus sur le projet, de découvrir les objectifs, les tâches et les résultats attendus. Quant à vous, le délégateur, vous pourrez juger des qualités et aptitudes de votre futur partenaire. Au cours de chaque rencontre, soyez particulièrement attentif :
  - aux compétences du candidat, d'une part, c'est-à-dire à ses capacités avérées et vérifiables ;
  - à sa motivation, d'autre part : quels sont les motifs qui l'ont poussé à accepter la rencontre ?
- *Utilisez ces éléments pour dessiner un schéma* (voir l'encadré à la page suivante). Ce dernier vous aidera à faire le bon choix car, même compétente, une personne en mal de motivation n'assurera sans doute pas la délégation de manière pleinement satisfaisante.

Pour compléter votre analyse, interrogez votre collaborateur :

- sur son attitude face au risque ;
- sur ses aptitudes à trouver des solutions seul et en groupe ;
- sur ses capacités à dialoguer.

Si vous n'avez pas l'habitude de travailler avec lui, vérifiez auprès de ses proches collaborateurs s'il :

- fait preuve d'autonomie ;
- est organisé et rigoureux ;
- a l'esprit d'initiative ;
- sait se montrer ambitieux ;
- s'implique dans son travail ;
- tolère le stress.

CONSEIL PRATIQUE

Clarifier le profil d'un collaborateur

Ce schéma devrait vous aider à recruter le bon candidat. Ce dernier doit être compétent mais aussi motivé par les tâches que vous avez choisi de lui confier. S'il lui manque une qualité ou l'autre, instaurez des processus de formation et de motivation.

Très motivé par le travail proposé

Déléguer uniquement si la personne concernée peut évoluer, en mettant en place un processus de formation et de développement de compétences (tutorat, etc.)

Déléguer avec un bon niveau d'autonomie

Peu compétent dans le domaine concerné

Très motivé par le travail proposé

Déléguer temporairement, avec des dispositifs de motivation (récompense, valorisation...) et de suivi ou de contrôle

Ne pas déléguer

Peu motivé par le travail proposé

Vous allez bien sûr solliciter plusieurs collaborateurs avant de trouver «le bon». Pensez à ceux qui sont plus compétents que vous ou susceptibles de le devenir, mais aussi à ceux qui ont envie de progresser et que vous voulez tester.

CONSEIL PRATIQUE
Attention au systématisme

Évitez de déléguer toujours au plus compétent ou à celui qui ne dit jamais non. Trouver le bon délégataire est une première étape; cherchez ensuite à savoir si votre candidat peut assumer les fonctions de son poste en parallèle aux mandats que vous proposez.

Assurez-vous de la disponibilité de votre collaborateur

Peut-être avez-vous trouvé le délégataire idéal, compétent, motivé, ambitieux et rigoureux, mais est-il vraiment disponible? Il le semble, à première vue, mais qu'en est-il réellement? Votre collaborateur peut répondre positivement à la demande que vous lui faites sans vraiment prendre la peine de raisonner en matière d'organisation: soit il est désireux de vous prouver ses capacités, soit il préfère votre mission à ses propres projets, soit il ne sait pas refuser, tout simplement.

Pour en savoir plus sur l'état des mandats de votre collaborateur:

• *faites le point sur ses projets en cours:*
  - quand arriveront-ils à leur terme?;
  - quelle est leur ampleur? Peut-il les mener de front avec les tâches que vous avez à lui confier?;
  - travaille-t-il actuellement sur des projets d'équipe? Si oui, ses collaborateurs peuvent-ils lui dégager un peu de temps?;

- *vérifiez l'agencement de ses prochains mandats:* évaluez ensemble le temps nécessaire à leur mise en place et à leur réalisation ainsi que leur échéance;
- *renseignez-vous auprès de la direction sur les possibles évolutions du délégataire:* sera-t-il promu à un nouveau statut dans les mois à venir? Vos supérieurs ont-ils besoin de lui pour des missions particulières?

Il ne s'agit pas seulement de savoir si le délégataire que vous avez en vue est libre dans les semaines qui viennent, mais aussi dans les mois à venir. Il doit être disponible pendant toute la période nécessaire à la réalisation des tâches. Au besoin, dégagez-lui du temps en revoyant la répartition des activités au sein de l'entreprise. Cela peut conduire à retirer certaines tâches quotidiennes à votre délégataire pour les confier à d'autres, ce qui revient à proposer une délégation dite «en cascade».

CONSEIL PRATIQUE

Constituer un groupe de délégataires potentiels

Les membres de votre équipe ne seront-ils pas tous amenés, un jour ou l'autre, à devenir délégataires? Gardez cette question à l'esprit lorsque vous serez en situation de changer l'un ou l'autre de vos collaborateurs, notamment:

- au cours d'une entrevue de sélection, assurez-vous que le candidat connaît le concept de délégation;
- en cas de roulement interne, recherchez les collaborateurs qui font preuve d'initiative pour les intégrer à votre équipe;
- au quotidien, maintenez des conditions de travail agréables afin de ne pas voir partir vos bons éléments.

Vous êtes sûr de vous quant au choix du délégataire? Alors il est temps d'officialiser votre décision.

ET VOUS, OÙ EN ÊTES-VOUS ?

Savez-vous évaluer un candidat délégataire ?

Appliquez la grille ci-dessous à chacun des candidats délégataires potentiels (délégation que vous aurez au préalable précisément définie en ce qui concerne les tâches à déléguer et les objectifs), elle vous aidera à bien les sélectionner.

	Mon collaborateur...	Oui	Non
1	... connaît le domaine dans lequel je souhaite déléguer.		
2	... n'a pas l'habitude de faire de la rétention d'information.		
3	... est capable de développer de nouvelles compétences.		
4	... est motivé par son travail.		
5	... est ambitieux tout en étant réaliste.		
6	... pourrait être motivé par de nouvelles tâches.		
7	... sait planifier son temps.		
8	... accepte toujours de parfaire sa formation.		
9	... comprend l'utilité d'être encadré/suivi/vérifié/contrôlé sur certains aspects de son travail.		
10	... n'hésite pas à mentionner ses difficultés.		
11	... est bien intégré et reconnu au sein de l'équipe.		
12	... sait utiliser les possibilités offertes par l'entreprise.		

Pour connaître le résultat de votre évaluation, reportez-vous à la page 147.

SECTION 2

Communiquez votre décision

Maintenant que vous avez choisi votre délégataire, il est temps de rendre publique votre décision, et ce, sans détour. Les autres collaborateurs ne doivent pas se sentir lésés par votre décision. Soyez honnête et, surtout, expliquez-vous directement et avant d'introduire le nouveau délégataire au sein de sa nouvelle équipe. Cela contribuera à instaurer un climat favorable.

Mettez en lumière l'objectivité de votre décision

Maintenant que vous avez choisi votre délégataire, soignez l'annonce de votre décision. Il en va de la réussite de vos projets.

Peu importe le moyen de communication utilisé – cérémonie, autour d'un verre, courriel, appel téléphonique ou note manuscrite –, seul compte le geste. Veillez cependant à choisir un procédé qui correspond au niveau hiérarchique de votre collaborateur et à l'ampleur de la tâche confiée. Vous pouvez aussi organiser une réunion d'équipe en invitant le délégataire ainsi que tous les collaborateurs concernés de près ou de loin par les opérations. L'essentiel est de mettre en avant l'objectivité de votre choix:

• *Rappelez tout d'abord l'ensemble des candidats sélectionnés.*

Pour quelles raisons les avez-vous choisis, eux en particulier? Pour leurs compétences, savoir-faire, disponibilité, besoin d'évoluer, etc.

- *Présentez ensuite vos critères de sélection* en fonction des mandats que vous avez prévu déléguer.
- *Puis annoncez le nom du candidat retenu* en justifiant votre choix.
- *Enfin, invitez votre délégataire à présenter lui-même ses motivations.*

Il est indispensable que vous soyez vous-même l'animateur de la réunion d'équipe, l'auteur du courriel ou celui qui fait l'appel téléphonique. Faire annoncer votre choix par une tierce personne pourrait vous causer bien des désagréments. Certains pourraient penser que vous n'assumez pas vos choix ou que votre décision vous importe peu.

TÉMOIGNAGE

Prévenir les jalousies

Sophie gère une équipe de 10 personnes au sein d'une société de gestion. À peine maîtrisait-elle les responsabilités de son poste qu'elle choisissait de déléguer quelques-unes de ses tâches, certaine qu'elle gagnerait en efficacité. Mais ses premières expériences se sont avérées plus compliquées qu'elle ne l'imaginait : « J'ai commencé par prendre mes repères dans l'entreprise. Après quelques mois, j'avais toujours un horaire très chargé ; tout d'abord, j'ai pensé que je manquais d'organisation, mais je me suis aperçue que mon poste exigeait énormément. J'ai donc décidé de déléguer. J'ai réparti certaines de mes tâches entre divers membres de l'équipe sans vraiment prendre la peine d'organiser des annonces formelles quant aux choix de mes délégataires. Quelle erreur! L'ambiance s'est dégradée en quelques semaines, car les collaborateurs que je n'avais pas choisis sont devenus jaloux et ils ont perdu confiance en eux. J'avais des collaborateurs très différents les uns des autres, avec de fortes personnalités, mais tous manifestaient du respect pour leurs collègues – c'est pourquoi je n'avais jamais imaginé cela! Alors, un conseil: même si l'ambiance dans une équipe semble bonne, le délégateur doit toujours expliquer ses choix au principal concerné, bien sûr, mais aussi et surtout à ceux qui n'ont pas été retenus! »

Annoncer le choix de son collaborateur le plus objectivement possible est une étape préliminaire importante, mais elle ne suffit pas. Il vous faut également guider votre collaborateur vers son équipe.

Introduisez votre collaborateur au sein de son équipe

La nomination est rendue publique. Vous devez à présent présenter votre délégataire à sa nouvelle équipe ainsi qu'aux clients, fournisseurs et autres contacts externes. Assurez-vous que toutes les personnes concernées sont averties de la situation. Mais que doivent-elles vraiment savoir?

Vous n'êtes pas tenu de dévoiler les moindres détails de votre collaboration, d'autant que certains renseignements peuvent être confidentiels. Cela dit, il est certaines données que vous devez annoncer:

- *Présentez les nouvelles responsabilités de votre collaborateur.* Vous ne serez pas à ses côtés en permanence, aussi doit-il pouvoir prendre les décisions qui lui reviennent en n'importe quelle circonstance. Et cela doit être clair pour tous, afin d'éviter les abus de l'équipe ou du délégataire.

- *Prévenez les collaborateurs directs de votre délégataire si certains de leurs mandats doivent être menés en parallèle aux tâches confiées.* En effet, une délégation entraîne souvent des modifications dans le travail d'autres membres de votre équipe. Ces changements sont bien entendu à anticiper et à déterminer avec les acteurs concernés. Par exemple, certains devront maintenant se rapporter au délégataire, lui fournir de l'information, tâches qu'ils menaient jusqu'à maintenant directement avec vous.

- *Précisez les moyens mis à disposition pendant les opérations.* Autrement dit, justifiez, par exemple, l'allocation d'un budget supplémentaire ou la mise à disposition d'experts. Adopter un comportement transparent permet souvent d'éviter les jalousies et de faire taire les bruits.

En présence d'un tiers, traitez toujours votre délégataire comme votre égal sans pour autant faire preuve de favoritisme. Il ne s'agit pas de placer votre « protégé » sur un piédestal. Au contraire, la prudence est de rigueur au sein de l'équipe. En effet, une délégation peut être vue d'un mauvais œil par certains collaborateurs qui se sentent peut-être plus aptes ou plus expérimentés. Dans ce cas, il existe deux moyens simples pour désamorcer le conflit :

- *Organiser une rencontre individuelle avec les contestataires* pour écouter leurs revendications et montrer que vous ne les isolez pas.

- *Proposer d'autres formes de reconnaissance* aux personnes qui se sentent lésées. Par exemple, ne pourriez-vous envisager d'autres délégations et faire savoir que vous êtes déjà à la recherche d'éventuels candidats ? Les collaborateurs qui n'ont pas été choisis trouveront là l'occasion de se surpasser pour « mériter » une prochaine délégation !

POUR ALLER PLUS LOIN

Vers une équipe toujours responsable ?

Et si votre délégataire vous servait de « moteur » ? Ne pourrait-il pas entraîner l'équipe à être encore plus performante ? L'occasion est trop belle : incitez vos collaborateurs à profiter de l'expérience pour se surpasser. Pour ce faire, votre gestion doit évoluer. Les membres de votre équipe doivent apprendre à communiquer entre eux pour former un groupe solidaire :

- Veillez à ce que les objectifs de l'équipe soient clairs pour tous et que les moyens et ressources soient suffisants.
- Encouragez les initiatives visant l'amélioration.
- Suivez et soutenez vos collaborateurs de manière individuelle ; coachez-les au besoin.
- Associez les membres de l'équipe à vos prises de décisions lorsque cela est possible.
- Faites savoir que vous prévoyez mettre en place plusieurs délégations.

Un dernier conseil : il est souvent plus intéressant de recruter plus d'un délégataire à la fois dans une même équipe. En effet, ils pourront échanger sur leurs pratiques et méthodes, procéder à des transferts d'expérience et devenir d'autant plus efficaces.

CONSEIL PRATIQUE

Faire une présentation officielle

Ce genre de « cérémonie » doit s'effectuer de manière concrète, c'est-à-dire que l'équipe doit voir le délégataire, et inversement. Chaque membre de l'équipe doit être présenté par vous au nouveau venu. Lors de la réunion :

- demandez à chacun de se présenter rapidement (si le délégataire n'est pas nouveau dans l'équipe, lui seul aura à présenter son nouveau statut) ;
- indiquez les objectifs de la délégation ainsi que l'échéance des résultats attendus ;
- rappelez le contexte dans lequel s'intègre le projet.

À la fin de la réunion, laissez les membres de l'équipe s'exprimer. Laissez le champ libre aux questions, remarques et commentaires.

SECTION 3

Tenez compte des besoins de votre délégataire

Vous n'êtes pas le seul acteur de la délégation. Votre collaborateur a son mot à dire, et vous devez tenir compte de ses remarques et de ses besoins. Pour cela, prenez le temps de le découvrir, d'observer son comportement, seul ou en équipe, et de comprendre sa manière de raisonner et d'agir. Donnez-lui l'occasion de se manifester et restez à son écoute.

Apprenez à connaître votre délégataire

Attention de ne pas confondre vos motivations avec celles de votre délégataire. Ce dernier s'investit dans le projet de délégation pour des raisons différentes de celles qui vous ont poussé à le mettre en place. Respectez donc ses envies et ses besoins afin que l'échange soit tout aussi riche et bénéfique pour vous que pour lui. Nombreuses sont les occasions – formelles ou informelles – qui vous permettront de découvrir votre collaborateur.

- *Observez-le quand vous travaillez ensemble* ou lorsqu'il se trouve avec d'autres collaborateurs :
  - Essaie-t-il d'apprendre au contact des autres ?
  - Épaule-t-il ses collaborateurs ?
  - Se laisse-t-il porter par les événements ?
  - Essaie-t-il de proposer des solutions aux problèmes rencontrés ?

- *Profitez des déplacements, repas ou autres échanges privilégiés pour aborder des sujets plus personnels :* pourquoi a-t-il intégré l'entreprise et quels sont ses projets à long terme ?
- *Invitez-le à vous suivre lors de réunions* ou rencontres avec des contacts extérieurs à l'entreprise (clients, fournisseurs, partenaires, etc.).
- *Relisez les tests, comptes rendus et notes le concernant* pour nuancer le jugement que vous vous êtes fait à son propos. Pour nuancer davantage votre jugement, n'hésitez pas par ailleurs à récolter des renseignements intéressants auprès de vos supérieurs ou de collaborateurs qui le connaissent mieux que vous. Mais gare aux préjugés qui conduisent souvent à sous-évaluer les individus !

Bien sûr, votre collaborateur cherchera, dans la plupart des cas, à se révéler sous son meilleur jour en essayant de vous satisfaire. Il faut pourtant que vous découvriez ses véritables aspirations, ses aptitudes et ses limites ainsi que ses potentialités. Posez-lui ces questions sans détour :

- Est-il satisfait du poste qu'il occupe ?
- Attend-il un peu plus de reconnaissance ?
- Souhaite-t-il assumer de nouvelles responsabilités pour pimenter son quotidien ?
- Espère-t-il acquérir de nouvelles compétences ?
- Veut-il développer son autonomie et apprendre à s'organiser ?
- Désire-t-il faire ses preuves ?
- Cherche-t-il à accroître le nombre de ses contacts professionnels ?
- Envisage-t-il une promotion à moyen terme ?
- A-t-il envie de progresser professionnellement ? Ou bien a-t-il tout simplement envie de relever un défi ?

Peut-être ne trouverez-vous pas les circonstances idéales pour lui poser ces questions. Aussi, donnez-lui l'occasion de s'exprimer.

MÉMENTO

Les besoins fondamentaux d'un collaborateur

Les besoins qui animent vos collaborateurs peuvent être de deux sortes:
- les besoins essentiels pour vivre, comme les conditions de travail (salaire, horaire, cadre de vie…), l'encadrement (encouragement, valorisation, sentiment de sécurité, sanctions justifiées…), le mode de communication, les ressources et moyens disponibles;
- les besoins utiles pour évoluer, le renouvellement de l'intérêt de son poste, l'apprentissage, l'élargissement de ses responsabilités, la délégation.

Laissez-le s'exprimer

Les délégataires sont souvent sources d'innovation. Soyez donc très attentif lorsqu'ils proposent de nouvelles façons de faire, parce qu'ils auront des idées différentes des vôtres.

De manière plus générale, restez à l'écoute de votre délégataire. Il aura sans doute besoin de vous parler, d'exprimer ses doutes, d'exposer ses solutions en cas de problème ou bien tout simplement de vous demander conseil.

Mais attention de ne pas tomber pas dans le piège suivant: si votre délégataire s'adresse à vous uniquement pour vous demander ce qu'il faut faire ou bien pour que vous décidiez à sa place, arrêtez tout échange, même si vous ne constatez la situation qu'au bout de plusieurs mois de délégation. Cela signifierait que la collaboration a été mal définie, que la personne n'ose pas endosser tout à fait son rôle et accepter son autonomie. Avant de relancer l'échange, une discussion s'impose concernant la forme de son mandat.

Laisser son collaborateur s'exprimer, c'est bien, l'écouter, c'est encore mieux. Montrez-vous véritablement disponible pour votre interlocuteur.

Pour adopter une écoute active :

- *gardez le silence lorsque votre interlocuteur s'exprime.* Au besoin, notez les questions que vous craignez d'oublier, et ne soyez surtout pas passif ;
- *interrogez-le lorsqu'il a terminé* pour éviter tout malentendu et vérifier que vous n'interprétez pas ses paroles. Dans ce cas, posez des questions directes qui attendent des réponses franches et sans ambiguïté ;
- *essayez de comprendre les arguments* de votre interlocuteur plutôt que de chercher à les démentir ;
- *reformulez ses remarques* en les résumant pour faire le point sur votre échange.

Très rapidement, vous vous apercevrez que votre délégataire adoptera la même attitude que vous. La délégation pourra alors s'engager dans des conditions plus que favorables.

POUR ALLER PLUS LOIN

Pour ou contre la « porte ouverte »

Devez-vous garder votre porte ouverte et laisser vos collaborateurs venir vous voir à n'importe quel moment de la journée, ou devez-vous plutôt fixer des horaires de disponibilité ?

Il existe deux écoles de pensée à ce sujet ; à vous de choisir celle qui vous conviendra le mieux.

- Certains gestionnaires préfèrent laisser la porte de leur bureau ouverte en permanence, pensant ainsi encourager leurs collaborateurs à venir les voir dès qu'ils en ont besoin. « Cela facilite les contacts et prouve le soutien du gestionnaire envers son équipe », disent-ils.
- D'autres choisissent d'instaurer des plages horaires de disponibilité. Ils répondent aux gestionnaires qui laissent leur porte ouverte en expliquant que « d'une part, cela incite les collaborateurs à faire preuve d'autonomie et, d'autre part, cela instaure de véritables moments d'écoute. Ce qui n'empêche pas d'être présent en cas d'urgence ».

SECTION 4

Faites preuve d'adaptation

Déléguer, c'est adapter sa façon de travailler à son délégataire, mais aussi à tous les membres de son équipe. L'utilisation d'un outil tel que la délégation implique quelques ajustements. Découvrez le style de gestion qui convient à votre collaborateur en tenant compte de l'évolution de votre relation.

Déléguez de façon différenciée

Déléguer, c'est cibler le candidat choisi pour adapter les tâches que vous allez lui confier. D'où l'importance de connaître votre collaborateur. Pour vous faire l'idée la plus précise de la personnalité d'un délégataire potentiel, évaluez chez lui ces trois caractéristiques principales:

• *Sa motivation* pour la mission proposée:
  – montre-t-il un intérêt pour la délégation ou pour la tâche qui lui serait confiée?
  – affiche-t-il une motivation en général ou seulement pour les mandats qui lui tiennent à cœur?
• *Ses compétences* dans le domaine concerné:
  – a-t-il de l'expérience?
  – s'intègre-t-il facilement à de nouveaux groupes?
  – a-t-il de bonnes habiletés interpersonnelles?

- *Son degré de maturité :*
  - aime-t-il le risque ?
  - tolère-t-il le stress ?
  - parvient-il à garder son sang-froid en toutes circonstances ?

Tenez compte également de la difficulté et de la nouveauté des tâches pour adapter votre délégation :

- *Si la mission concerne des relations extérieures,* par exemple un échange avec le principal client de l'entreprise, ne prenez aucun risque : assistez à toutes les rencontres si votre délégataire a peu d'expérience ou n'en a pas du tout.

- *Si votre délégataire a l'habitude de rencontrer des personnes extérieures à l'entreprise,* laissez-lui toute l'autonomie requise. Par exemple, laissez-le aller seul à un salon commercial pour faire la promotion de votre entreprise.

MÉMENTO

Les niveaux d'autorité

Votre délégataire est-il débutant ou expérimenté dans le domaine qui vous concerne ? Est-il peu ou très motivé ? Selon la situation, interrogez-vous sur le niveau d'autorité que vous devez instaurer. Faut-il une délégation :

- totale ?
- complète à l'exception de prises de décisions importantes ?
- de production, sans réelle décision ?

Attention, cette dernière proposition risque d'altérer la notion de délégation, car il faut laisser une marge suffisante d'autonomie au délégataire. Elle est toutefois acceptable s'il existe une autonomie en matière de méthode de travail.

Ayant recueilli toutes ces observations, vous serez en mesure de choisir un des cinq niveaux de délégation existants. Votre décision de mettre en place un niveau ou un autre dépendra, en outre, de l'évolution que vous espérez pour votre délégataire ainsi que de ses ambitions. Vous pouvez donc lui proposer :

1. le suivi d'un domaine avec simple compte rendu d'observation ;

2. le suivi d'un domaine avec la possibilité d'agir ;

3. la prise en charge d'un domaine avec prises de décisions de concert avec vous ;

4. la prise en charge d'un domaine avec prises de décisions d'un certain niveau ou pendant un certain temps ;

5. la prise en charge d'un domaine avec prises de décisions autonomes.

Discutez avec votre délégataire du niveau de délégation que vous envisagez. Il saura vous dire s'il se sent capable ou non d'assumer les responsabilités qui en découlent. Par exemple, choisissez le premier niveau de délégation avec un collaborateur débutant et peu motivé, quelle que soit la difficulté de la tâche. En revanche, optez pour le cinquième niveau avec un collaborateur expérimenté et très compétent, même si la délégation concerne une mission délicate. Veillez néanmoins à garder un œil sur les opérations. Vous verrez qu'au cours de la délégation les choses changeront, à condition bien sûr de bénéficier d'une organisation appropriée.

Mettez en place une organisation évolutive

Sachez dès maintenant que la délégation n'est pas une opération figée. Bien au contraire, elle doit vivre et évoluer. Quel que soit le niveau d'autorité défini au départ (même le plus élevé !), elle change avec le temps et la progression de votre collaborateur vers une plus large responsabilité.

Mais là ne sont pas les seuls facteurs d'évolution. Pensez au développement de votre secteur et à l'interaction entre les membres de votre équipe et le délégataire. Donnez les moyens à votre entourage de faire progresser la délégation en identifiant les points clés d'une organisation efficace et dynamique :

- *Misez sur la polyvalence des membres de l'équipe.* Redistribuez régulièrement les activités en veillant à ce que chacune d'elles présente un réel intérêt.

- *Encouragez la communication interne et externe* en multipliant les contacts formels et informels.

- *Incitez vos collaborateurs et votre délégataire à s'informer* sur les changements dans vos activités, sur les choix de développement de l'entreprise, la croissance du secteur qui les concerne, la productivité, etc.
- *Facilitez l'émergence de nouvelles idées* et propositions d'amélioration en attribuant des moyens pour les concrétiser.

La délégation est un moyen de promotion et de formation. En outre, de nouvelles activités voient sans cesse le jour dans une équipe. Les nouvelles missions, nouveaux outils, nouveaux projets, etc. sont autant d'occasions de refaire le point sur les délégations engagées.

CONSEIL PRATIQUE

Proposer des formations

Il ne s'agit pas d'offrir des formations à tout va, mais plutôt de faire régulièrement le point avec vos collaborateurs pour discuter des besoins de chacun. Si vous voulez que la délégation s'opère dans un milieu dynamique et performant, les membres de l'équipe doivent s'engager dans un processus d'apprentissage permanent. Lancez le mouvement en proposant des séances d'initiation ou de perfectionnement :

- en langues étrangères : l'anglais, bien sûr, mais pourquoi pas le chinois, le japonais, l'espagnol, le russe ou l'arabe, qui sont de plus en plus recherchés dans certains secteurs ?
- en médiation, c'est-à-dire en gestion des conflits ;
- en informatique : utilisation de matériel et logiciels à la pointe de la technologie, mais aussi nouveaux moyens de communication ;
- en utilisation des médias, ou comment savoir communiquer par l'intermédiaire des médias.

ET VOUS, OÙ EN ÊTES-VOUS ?

Avez-vous choisi le bon collaborateur ?

La grille ci-dessous vous permettra de vérifier que vous avez fait le bon choix et commencé à construire une relation de confiance avec le collaborateur retenu. Voyez si vous avez opté pour les actions suivantes, qui sont autant de préalables à l'engagement dans une délégation réussie.

		Oui	Non
1	Vous avez vérifié que votre délégataire maîtrisait effectivement ou pouvait maîtriser les tâches déléguées.		
2	Vous avez vérifié que votre délégataire était réellement motivé par l'activité déléguée sans que cela ne nuise à ses autres tâches.		
3	Vous avez vérifié que votre délégataire était disponible.		
4	Vous avez précisé, avec votre délégataire, le niveau d'autorité que vous souhaitez garder sur l'activité déléguée, et ce, en fonction de sa personnalité.		
5	Vous avez vérifié que la délégation était connue de l'ensemble de votre équipe et que votre délégataire était légitime.		
6	Vous avez mis votre délégataire en confiance.		
7	Vous avez déjà organisé avec lui un ou plusieurs éléments de la délégation.		
8	Vous avez écouté votre délégataire, notamment sur ses besoins.		
9	Vous avez adapté les tâches des autres membres de votre équipe.		
10	Vous vous êtes assuré de la bonne circulation de l'information.		

Pour connaître le résultat de votre évaluation, reportez-vous à la page 148.

L'ESSENTIEL

Sélectionner le délégataire idéal, c'est choisir parmi plusieurs candidats et s'adapter aux aptitudes de celui que vous avez choisi.

1 ÉVALUEZ LES QUALITÉS DE VOTRE COLLABORATEUR

Soyez sûr que le délégataire pressenti est compétent et motivé. Mettez en place des processus pour développer l'une ou l'autre de ces qualités.

2 VÉRIFIEZ QUE LE COLLABORATEUR EST DISPONIBLE

Assurez-vous auprès de ses collaborateurs et de ses supérieurs que le candidat est libre pour toute la durée de la délégation. Dégagez-lui du temps.

3 ANNONCEZ OFFICIELLEMENT VOTRE DÉCISION

Justifiez votre décision devant l'ensemble des collaborateurs concernés pour calmer les jalousies. Profitez-en pour investir d'autorité le délégataire.

4 APPRENEZ À CONNAÎTRE VOTRE COLLABORATEUR

Découvrez ses envies et projets véritables pour répondre à ses besoins. Souvenez-vous également que la délégation doit être bénéfique pour les deux partenaires.

5 ADAPTEZ-VOUS À VOTRE DÉLÉGATAIRE

Faites évoluer les tâches en fonction du délégataire et de son intégration dans l'équipe. Faites en sorte que celle-ci reste dans un élan de dynamisme et de performance.

NOTES PERSONNELLES

CHAPITRE 4

Bien amorcer sa délégation

Les 3 objectifs du chapitre

1. Planifier la délégation
2. Se mettre d'accord avec son délégataire
3. Définir les limites d'action de chacun

SECTION 1

Planifiez votre délégation

Vous avez sélectionné les tâches à confier, choisi votre collaborateur ; vous devez maintenant planifier la délégation. Les deux protagonistes ont des rôles tout à fait distincts et spécifiques, mais quels sont-ils et jusqu'à quand doivent-ils les jouer ? En tant que délégateur, à vous d'organiser la délégation, quitte à opérer quelques ajustements à mi-parcours.

Attribuez le rôle de chacun

Vous le savez à présent, la délégation met en jeu deux personnages (lorsqu'il s'agit d'une délégation unique). L'un et l'autre doivent assumer pleinement les rôles qui leur reviennent. Mais quels sont-ils précisément ?

Plus qu'un transmetteur d'ordres

Vous n'êtes pas qu'un simple transmetteur d'ordres de la hiérarchie, vous portez plusieurs « casquettes » en tant que délégateur, notamment celles de :

- *guide :* amenez votre collaborateur à mettre en place ses méthodes de travail et à résoudre lui-même ses problèmes ;
- *gestionnaire du temps :* pressez votre délégataire s'il prend du retard, par exemple ;
- *formateur :* transmettez vos savoirs et savoir-faire en veillant à ce qu'ils soient bien intégrés par votre délégataire ;

- *médiateur :* intervenez en cas de conflit ou de difficulté à communiquer. Faites le premier pas pour éclaircir les situations un peu tendues. Soyez souple dans vos relations sans vous défiler ;

- *chef d'orchestre :* stimulez votre collaborateur sans pour autant lui lancer constamment des défis ; la délégation doit évoluer dans un environnement dynamique, et les membres de votre équipe doivent rester alertes.

La réussite de vos opérations est étroitement liée aux conditions de travail ; veillez donc à ce que soit agréable le cadre de vie dans lequel vous évoluez avec votre délégataire et toute l'équipe.

Plus qu'un simple exécutant

De son côté, le délégataire ne doit pas subir la situation mais plutôt se comporter en :

- *observateur :* il doit scruter vos pratiques lorsque vous êtes vous-même délégataire :

  - de quelle manière instaurez-vous vos méthodes de travail ? ;

  - comment prenez-vous les décisions ? ;

  - comment vous comportez-vous au sein d'un groupe ? ;

  - quels sont vos rapports avec la hiérarchie ?

MÉMENTO
Qu'est-ce qu'un sociogramme ?

Un sociogramme est la photographie, à un instant précis, des relations officielles et officieuses qui régissent l'organisation d'un groupe. Au sein de l'entreprise, vous connaissez sans doute l'organigramme qui présente les relations, notamment hiérarchiques, dans l'entreprise. Le sociogramme n'est quant à lui jamais affiché et révèle les relations qui se tissent au fil du temps entre les individus, indépendamment de leur statut et de leur poste.

En outre, il doit s'intéresser aux facteurs d'influence au sein de l'entreprise ; connaît-il, par exemple, la notion de sociogramme (voir l'encadré ci-dessus) ?

- *organisateur,* puisqu'il met en place ses méthodes de travail et choisit ses procédés pour atteindre les buts fixés ;

- *innovateur :* il anticipe les événements et les traduit en objectifs ;
- *constructeur :* il consolide et élargit son aire de délégation.

Précisez le rôle du délégataire dans une fiche que vous annexerez à sa description de poste, si elle existe. Sinon, placez-la dans un endroit accessible le temps de la délégation pour pouvoir vous y reporter au besoin.

Vous aborderez la question des rôles au cours de la séance d'information à venir, en expliquant ce que vous attendez précisément, mais aussi ce que vous lui apporterez. En attendant, préparez le programme des événements qui s'annoncent.

Projetez le déroulement de la délégation dans le temps

La délégation ne se fera pas du jour au lendemain. Votre collaborateur n'atteindra pas les résultats désirés en quelques heures, mais plutôt en quelques semaines, voire quelques mois. Il faut donc planifier votre collaboration, qui doit avoir un début et une fin. Il s'agit en fait d'élaborer une planification inversée des actions à mener (la planification inversée est élaborée en partant de la date à laquelle un travail ou un projet doit être terminé, puis en remontant dans le temps pour déterminer les principales étapes) :

- *Commencez par indiquer les étapes clés.* Comptez-en quatre ou cinq, avec objectifs fixés et résultats attendus.
- *Puis entrez dans les détails en divisant les étapes clés en étapes intermédiaires.* Pour chacune de ces étapes :
  - fixez des délais et établissez les échéanciers ;
  - décrivez précisément les étapes clés et intermédiaires sous forme de calendrier, en indiquant les actions concrètes à mener et les résultats intermédiaires exigés (par exemple, la rédaction d'une note de synthèse ou l'organisation logistique d'un dîner d'affaires avec un client).

4. Bien amorcer sa délégation

- *Ensuite, faites apparaître les mandats de l'un et de l'autre qui sont étrangers* à la délégation. Votre collaborateur et vous devez connaître vos créneaux de disponibilité respectifs. Préparez une copie de ce calendrier pour votre collaborateur. À ce stade, les échéances ne sont pas encore figées, elles peuvent évoluer en fonction des remarques que votre délégataire pourra faire au cours de la phase de négociation à suivre. Peut-être aurez-vous surestimé son efficacité ?

TÉMOIGNAGE

Respecter son calendrier

Pierre est délégataire. Aujourd'hui, tout se passe pour le mieux, car il a tiré les leçons de sa dernière expérience : « Les premières semaines de ma délégation, tout se passait vraiment très bien. Je suivais le programme, j'étais dans les temps. Mais petit à petit, j'ai commencé à remettre au lendemain certaines de mes tâches, car je n'arrivais plus à mener mes tâches quotidiennes parallèlement au mandat qui m'était confié. Je rassurais mon délégateur en lui promettant qu'au bout du compte je respecterais les échéances. Mais bien sûr, je n'ai jamais réussi à rattraper le retard. Je me suis dispersé et j'ai échoué à la fois dans la délégation et dans mes tâches quotidiennes. Le résultat est en grande partie de ma faute, c'est évident, car je n'ai pas su m'organiser. Mais je crois que mon délégateur aussi était responsable. À mon sens, il a peut-être été un peu laxiste : il aurait dû exiger chacun des résultats à temps. »

ET VOUS, OÙ EN ÊTES-VOUS ?

Savez-vous élaborer une planification de délégation ?

Êtes-vous prêt à planifier les actions nécessaires pour que votre délégation soit sur la bonne voie ? Le tableau ci-dessous et les consignes qui y figurent vous aideront à lister ces actions, à les classer, puis à les ordonner dans le temps.

Actions opérationnelles	Calendrier
Listez ici les actions opérationnelles à mener, d'abord pour mettre en place la délégation, puis pour la faire vivre. Par exemple : organiser une réunion de présentation du délégataire aux clients qu'il va maintenant suivre, lui demander de rédiger un premier rapport pour telle date, etc.	Précisez pour chaque action une date de début et une date de fin.
Actions d'accompagnement Listez ici les actions à réaliser pour donner au délégataire les moyens d'assurer sa charge : formation, accompagnement, moyens matériels, etc.	
Actions de suivi Listez ici les actions d'encadrement que vous souhaitez mener pour garantir le bon déroulement de la délégation (voir également le chapitre 6) : rencontres régulières, élaboration d'un tableau de planification, bilan au bout de six mois, etc.	

SECTION 2

Préparez votre collaborateur

De votre côté, tout est fin prêt. Alors il est temps de rencontrer à nouveau votre délégataire en tête à tête pour faire le point sur le projet qui s'annonce. Bien sûr, il sait déjà que vous l'avez choisi et pourquoi vous l'avez choisi, mais sait-il précisément ce qui l'attend? Lui avez-vous présenté le mandat, avez-vous discuté des résultats espérés? C'est le moment! Fixez un rendez-vous et profitez de l'occasion pour négocier les conditions.

Présentez le mandat et déterminez les résultats

Vous avez déjà rencontré votre délégataire à plusieurs reprises. Tout d'abord, pour l'évaluer, lorsque vous songiez à confier certaines de vos tâches. Puis vous l'avez choisi et présenté à l'équipe. Depuis, vous multipliez les rendez-vous et occasions de le revoir pour le connaître plus précisément.

Peut-être même avez-vous déjà conclu un accord de principe (voir l'encadré «Pour aller plus loin» à la page suivante)? Mais vous ne lui avez toujours pas présenté le mandat de manière formelle. Il est temps à présent de le retrouver pour parler ouvertement de ses tâches ainsi que des résultats attendus.

La date, l'heure et le lieu de la rencontre n'ont pas vraiment d'importance – tout dépend des liens que vous voulez tisser et de l'importance du mandat. Vous préférez garder une relation strictement professionnelle ? Convoquez le délégataire dans votre bureau. À l'inverse, vous souhaitez engager un échange plus détendu ? Invitez-le à dîner.

POUR ALLER PLUS LOIN

Qu'est-ce qu'un accord de principe ?

Un accord de principe décrit dans les détails les questions dont les deux parties en présence ont convenu de discuter ultérieurement. Il doit contenir les objectifs, les moyens, les méthodes et les ententes qui concernent votre projet commun (dans ce cas-ci, la délégation), ainsi que les ententes auxquelles vous êtes parvenus. L'accord peut prendre la forme suivante :

« Je, soussigné, (vos nom, poste et statut), propose une délégation à (nom du délégataire, poste et statut) au sein de mon service, pour une période fixée du … au …, etc. »

Pour votre collaborateur, la mission prendra tout son sens au moment où vous lui dévoilerez ses objectifs. Précisez l'orientation de ses tâches quotidiennes et veillez à ce qu'il les intègre concrètement. En somme, vous devez indiquer les grandes lignes du projet et les valeurs (qui sont en fait celles de l'entreprise) sur lesquelles il se fonde.

• *Pour commencer, n'hésitez pas à refaire une présentation globale de l'entreprise :* revenez sur sa politique, ses choix stratégiques, ses valeurs, sa culture et son évolution passée et à venir.

• *Poursuivez en rappelant l'organisation quotidienne et salariale de l'entreprise,* ses projets à court et à moyen terme.

• *Terminez par le mandat de votre délégataire :*
  – indiquez de quelle façon cela s'intègre dans ce contexte ;
  – précisez les résultats attendus et les enjeux ;
  – insistez en particulier sur les avantages et bénéfices que lui procurera le projet.

• *Revenez sur les raisons qui vous ont poussé à le choisir,* lui plutôt qu'un autre. Faites ensemble le point sur ses points forts pour le rassurer, mais aussi sur ses lacunes. Il doit être conscient de ses limites et des efforts qu'il aura à fournir.

- *Lorsque vous aurez terminé votre présentation, écoutez les remarques de votre collaborateur.* Estimez ensemble les difficultés, répondez à ses questions et préparez-vous à négocier.

Cette présentation ressemblera de près à celle que vous avez faite devant l'équipe lors de l'annonce officielle, à cette différence près : votre délégataire sera sûrement plus à l'aise en tête à tête avec vous qu'en salle de réunion au milieu de l'équipe au grand complet.

Lancez les négociations

Une délégation ne s'impose pas, elle se propose. Après avoir précisément décrit son mandat à votre délégataire, donnez-lui l'occasion de s'exprimer sur le déroulement de celui-ci. S'il ne doit pas abuser de la situation, il a tout de même également son mot à dire sur :

- le choix des moyens ;
- le choix des méthodes de travail ;
- les échéances que vous lui avez fixées.

Avant le rendez-vous

Il est important de préparer les négociations avant le rendez-vous avec votre délégataire. En vous projetant dans la situation, vous serez plus sûr de vous et saurez plus clairement ce sur quoi vous ne voulez pas faire de concessions. Voici quelques conseils pour anticiper au mieux cette phase de négociations :

- *Évaluez votre connaissance du délégataire* et du rapport de force qui existe entre vous :
  - est-il impulsif ou posé ? ;
  - écoute-t-il ses interlocuteurs avec attention ? ;
  - quels sont les enjeux de la discussion ? ;
  - quels sont vos intérêts et quels sont les siens ?

- *Anticipez le déroulement de l'échange :*
  - avez-vous préparé votre argumentation ? ;
  - avez-vous anticipé les éventuelles objections de votre collaborateur ? ;
  - avez-vous fait une liste des éléments non négociables (budget, délais, par exemple) ?
- *Élaborez une stratégie :*
  - listez les problèmes qui peuvent survenir au cours de la délégation ;
  - envisagez les solutions que ces problèmes exigent.

Le jour du rendez-vous

Vous venez de présenter le mandat à votre délégataire et vous vous apprêtez à entrer dans la phase de négociations. Avant de vous lancer, assurez-vous de son état d'esprit :

- *Si, après votre exposé, le délégataire affiche des réticences*, interrogez-le sur les raisons de ses réserves : manque-t-il de temps, de moyens, de confiance en lui ?
- *Si votre collaborateur semble prêt à la discussion*, ouvrez aussitôt les négociations.

Durant les négociations, sur chaque point abordé :

- *sachez vous montrer flexible :* prenez en compte les critiques ou les éventuelles réticences de votre collaborateur pour reconsidérer certains points de votre méthode ou de vos recommandations ;
- *bien sûr, ne cédez pas sur tout :* si le délai imparti est non négociable, restez ferme sur ce point. N'essayez pas de faire plaisir à votre délégataire. Ce n'est pas le but de la négociation ;
- *évitez d'entrer en conflit avec votre délégataire.* Au contraire, cet échange est l'occasion d'éclaircir les doutes et de cerner les attentes et les besoins de chacun de vous.

Les négociations doivent se terminer par des arrangements. Au cours de cette dernière phase :

- *cessez de confronter vos divergences ;* cherchez plutôt à les réduire et à trouver des points d'accord. Au sortir des négociations vous devez être satisfait, tout comme le délégataire ;

- *restez toutefois attentif jusqu'à la dernière minute,* car il pourrait se produire un retournement de situation dans les ultimes instants de l'échange : et si finalement, vous posiez la condition de trop ?

En définitive, vous finirez par vous entendre sur les conditions de la délégation. Commencera alors la phase des engagements.

CONSEIL PRATIQUE

Les erreurs à ne pas commettre

Au cours des négociations, attention aux faux pas. Voici en résumé quelques-unes des erreurs les plus fréquentes dans ce type d'échanges :

- Être trop sûr de soi et refuser toute concession. Sachez que vous ne perdrez pas la face en acceptant certaines conditions de votre délégataire.
- Être peu confiant et tout donner sans discuter. Vous devez à l'inverse garder à l'esprit vos objectifs de départ et ne pas vous laissez marcher sur les pieds. Vous éviterez cette situation en préparant soigneusement les négociations avec votre délégataire.
- Monopoliser la parole.
- Provoquer votre interlocuteur.
- Faire durer l'échange en espérant que le temps jouera en votre faveur.

Établissez une relation de confiance

S'il fallait ne retenir qu'un seul aspect de la délégation, ce serait bien sûr la confiance, un état d'esprit sans lequel toute situation de travail devient vite invivable. Aussi, promettez l'un et l'autre d'assumer vos rôles respectifs, de tenir vos engagements et faites en sorte d'y parvenir. Un conseil pour installer une relation de confiance? Misez sur la communication.

Demandez un engagement réciproque

S'engager, c'est faire une promesse, bien sûr, mais c'est aussi et surtout tenir cette promesse. La délégation vous engage, votre délégataire et vous, pour toute sa durée. Cela implique des droits et des devoirs pour les deux parties.

Du côté du délégataire

Par cet engagement, le délégataire:

- *accepte le mandat,* ses principes, ses objectifs et le temps qui est imparti pour parvenir aux résultats;
- *se sent solidaire de l'équipe qui l'entoure pour l'occasion*; en effet, il doit être prêt à travailler en groupe, à respecter l'équipe et à proposer son aide au besoin, même si cela dépasse le cadre de ses actions habituelles;
- *est conscient des difficultés,* c'est-à-dire qu'il connaît ses limites;

- *suit les formations nécessaires,* le cas échéant ; il doit avoir, à ce stade, commencé à suivre une formation, ou tout au moins avoir pris les renseignements nécessaires pour la suivre au plus vite ;
- *est tenu au secret professionnel selon les tâches ;* vérifiez qu'il connaît la notion de secret professionnel et qu'il sait sur quelles actions cela s'applique.

Du côté du délégateur

Vous devez :

- *accueillir et considérer le délégataire comme un collaborateur* à part entière, quel que soit son statut d'origine. Évitez de lui rappeler sans cesse votre différence hiérarchique ;
- *lui transmettre l'information* et répondre à ses besoins ;
- *assurer ou mettre en place sa formation* si cela est de votre ressort ;
- *apporter au plus vite les preuves de votre engagement.* Par exemple, si vous vous êtes entendus sur des moyens financiers ou humains spécifiques, donnez-les concrètement à votre collaborateur. Cela prouvera que vous êtes une personne de parole.

Inutile de demander un contrat écrit ; faites confiance à votre délégataire. En revanche, au moindre faux pas, soyez ferme et intransigeant, sachant que ce qui est valable pour l'un l'est aussi pour l'autre. Vous craignez de ne pas percevoir vos écarts ? Laissez la porte ouverte aux critiques de votre collaborateur.

MÉMENTO

Le pacte de délégation

Il est important que vous soyez sur la même longueur d'onde que votre délégataire. Les deux colonnes ci-dessous résument les caractéristiques des deux protagonistes en présence. Assimilez-les pour trouver un juste équilibre. Par exemple, si vous devez être à l'écoute de votre collaborateur, cela ne signifie pas que vous devez le couver. De son côté, le délégataire doit savoir doser ses demandes d'aide. Faites le point avant de vous engager.

Délégateur	Délégataire
• Se repositionne sur ses activités les plus stratégiques	• Est motivé et compétent dans le domaine concerné
• A une bonne capacité d'encadrement	• Accepte les règles de fonctionnement de la délégation
• Assure un suivi rigoureux	• Donne de la rétroaction sur des éléments de suivi
• Écoute son délégataire	• Fait appel à son délégateur en cas de difficulté
• Adapte sa gestion à chacun de ses collaborateurs, délégataires ou non	• Respecte les limites de la délégation
• Montre que son équipe est plus performante dans un cadre de délégation	• Sait utiliser la délégation pour développer ses compétences et orienter sa carrière
• Valorise les délégataires	
• Fait preuve de transparence	

Sachez communiquer

La communication fait partie des éléments qui participent au succès de la délégation.

- *Soyez honnête dans vos échanges avec votre délégataire.* Évitez de faire de la rétention d'information, faute de quoi votre collaborateur pourrait perdre confiance en vous. En outre, lorsqu'il s'exprime, ne vous attardez pas que sur ce qui vous intéresse, n'entendez pas seulement ce qui vous arrange.

- *Sollicitez votre délégataire le plus souvent possible, en respectant ses opinions.* Vous verrez alors que votre perception d'une situation et celle de votre collaborateur peuvent être très différentes. Faites également comprendre à votre délégataire qu'il n'y a pas de sujets tabous et que vous pouvez aborder ensemble tous les sujets qui vous concernent, positifs et négatifs. Chacun est en droit de formuler des critiques si elles sont constructives, c'est-à-dire si elles comportent des solutions.

- *Multipliez les échanges verbaux en réduisant la communication écrite.* Débarrassez-vous des rapports, notes de service et autres documents lorsque ceux-ci ne sont pas vraiment nécessaires. Quel temps gagné pour vous deux!

À cet égard, gardez en tête que les échanges verbaux ne se transmettent pas exclusivement par la parole. En effet, la part du non-verbal dans un message oral est de l'ordre de 55 %. Attention à ce que vos gestes et expressions ne viennent pas trahir vos paroles!

En effet, si l'échange verbal se fait de manière consciente, la communication non verbale est toutefois moins transparente. Elle est même complètement inconsciente si vous n'y prenez pas garde, bien qu'il soit possible de la mener consciemment et de l'utiliser de manière stratégique. Aussi, surveillez votre langage corporel ainsi que celui de votre délégataire. Sans prendre les indications qui suivent au pied de la lettre, sachez que, de manière générale :

- une personne sur la défensive aura tendance à se refermer physiquement (jambes et bras croisés) ;
- une personne ouverte et détendue regardera son interlocuteur dans les yeux ;
- une personne évasive, en colère ou en désaccord aura le regard fuyant ;
- une personne stressée clignera des yeux plus rapidement que la normale ;
- une personne timide penchera la tête sur le côté.

Soyez attentif au langage corporel de votre collaborateur pour mieux comprendre ses messages. Vous sentirez rapidement si ce dernier est à l'aise ou non avec la mission confiée et dans la relation que vous engagez. Si son langage corporel trahit timidité et stress, efforcez-vous de gagner sa confiance en sollicitant et en valorisant ses points de vue.

Toutes les opérations préliminaires ayant été menées, apprêtez-vous maintenant à entrer dans la peau de votre personnage...

POUR ALLER PLUS LOIN

L'analyse transactionnelle

L'analyse transactionnelle est une théorie de la personnalité développée par le psychiatre américain Eric Berne. Elle utilise l'approche et l'observation des comportements pour comprendre l'interaction entre les individus. Elle définit trois états de l'ego :
- le parent, directif et autoritaire ;
- l'adulte, rationnel ;
- l'enfant, égocentrique et dépendant.

Observez à partir de quel état agit généralement votre délégataire pour savoir comment communiquer avec lui. L'idéal est de parvenir à une relation d'adulte à adulte !

Jouez pleinement votre rôle de délégateur

Vous savez déjà en quoi consiste le rôle du délégateur : guide, gestionnaire du temps, formateur, meneur, médiateur, chef d'orchestre. Il vous faut maintenant entrer dans la peau de votre personnage, car la délégation va commencer. Que cela ne vous empêche pas de clarifier les limites de votre action, car vous ne pourrez pas tout maîtriser. Sachez également rester disponible tout en soutenant votre délégataire.

Fixez les limites de votre action

Vous êtes là pour mettre en place, conseiller, encourager, encadrer, vérifier et réorienter, mais vous n'avez pas à imposer vos manières de faire. Votre champ d'action s'arrête là où s'amorce la liberté de votre délégataire.

Souvenez-vous que vous avez choisi la personne idéale pour mener à bien les tâches que vous allez confier et que cela ne s'est pas fait au hasard. Notez donc ceci : même s'il choisit une méthode différente de la vôtre, le délégataire sait faire aussi bien que vous (si, bien sûr, vous avez évalué ses compétences à leur juste valeur). Veillez néanmoins à répondre ensemble à ces questions :

• *Demandez à votre collaborateur de vous expliquer comment il compte s'organiser :*
  – quelle méthode a-t-il choisie pour exécuter le mandat ? ;

– est-elle la plus pertinente pour les tâches qui lui sont confiées? ;

– si oui, pour quelles raisons?

- **Vérifiez qu'il maîtrise la méthode annoncée,** ou tout au moins qu'il a les capacités de la maîtriser : l'a-t-il déjà utilisée, et si oui, dans quelles circonstances? Discuter n'est pas imposer, et cette étape a donc pour seul intérêt de guider et conseiller votre délégataire si vous sentez qu'il est un peu fragile.

- **Intervenez seulement en cas de dérapage, jamais avant, à moins que votre délégataire ne vous en fasse la demande.** Rassurez-vous, cela ne signifie pas que vous perdez le contrôle des résultats. Cela dit, n'abandonnez pas votre collaborateur et faites-lui savoir que vous êtes là pour lui.

TÉMOIGNAGE

À chacun son champ d'action

Gérant d'un supermarché, Émile développe ses qualités de délégateur en faisant rétrospectivement le point sur ses expériences. Il sait aujourd'hui qu'il ne doit pas restreindre le champ d'action de ses collaborateurs. « Cela fait partie de mes plus grosses erreurs. Lorsque j'ai commencé à déléguer, j'ai voulu tout maîtriser : les moyens, les méthodes, les résultats… Je craignais de devoir assumer les fautes des délégataires, alors je prenais tout en main. J'imposais les procédés à mes collaborateurs, qui acceptaient sans mot dire. Ils m'ont expliqué plus tard qu'ils n'osaient pas s'exprimer. Ainsi, j'obtenais les résultats attendus dans le temps imparti, mais je n'observais aucune progression de mes délégataires. En discutant avec eux, plus tard, j'ai compris pourquoi ils ne tiraient pas bénéfice de nos collaborations : pour la simple raison qu'ils n'ont jamais pris confiance en eux. Trouver et choisir sa méthode d'action est d'une extrême importance pour le délégataire, qui trouve là l'occasion de faire ses preuves et d'éprouver un peu de reconnaissance. »

Soutenez votre délégataire

Accordez une attention toute particulière aux personnes qui n'ont pas ou presque pas d'expérience dans l'entreprise ou dans le domaine d'activité des tâches déléguées ; faites-les profiter de vos propres années d'apprentissage. En d'autres termes, balayez les rapports hiérarchiques et agissez en mentor. Vous avez déjà été délégataire, vous connaissez l'entreprise et ses rouages, prodiguez donc vos conseils avertis :

- *Dévoilez le véritable fonctionnement de l'entreprise.* Sans outrepasser les limites du secret professionnel, expliquez comment s'agence officieusement la hiérarchie.

- *Présentez vos différentes méthodes de travail* et montrez de quelle manière vous organisez vos journées de travail.

- *Informez votre délégataire des pistes de développement qui s'offrent à lui* et incitez-le à se projeter dans l'avenir.

Votre soutien sera d'autant plus important si votre délégataire manque de confiance en lui. Dans ce cas, il aura besoin d'être encouragé pour trouver ses repères, surtout au début de votre collaboration. À mesure qu'il gagnera en maîtrise et en autonomie, votre

---

CONSEIL PRATIQUE

Le coaching pour soutenir en profondeur

Coacher, c'est accompagner un individu, c'est l'aider à développer son potentiel et son savoir-faire dans le cadre d'objectifs professionnels. Mais cela ne s'improvise pas.

Alors que certains l'avaient qualifié de mode passagère, le coaching est bel et bien installé au sein de l'entreprise. Cet outil peut se révéler très utile dans le cas de la délégation puisqu'il s'appuie sur un comportement directif et de soutien.

- Veillez à la bonne organisation de l'horaire de votre délégataire et donnez-lui des conseils, au besoin.

- Stimulez sa progression, encouragez-le en faisant la critique de son travail de manière constructive. Relevez ses échecs et ses réussites en justifiant vos dires.

- Restez optimiste quoi qu'il arrive, en prenant sur vous lorsque la situation est difficile.

- Laissez agir votre délégataire lorsque cela concerne ses responsabilités ; en effet, le coach mène le jeu sans y participer !

relation prendra un nouveau visage. Dès lors, continuez à lui prêter une oreille attentive et à lui apporter votre soutien, cette fois non plus pour raffermir sa confiance, mais pour l'aider à formuler de nouvelles idées et propositions de développement.

Il est un cas un peu particulier que vous ne devez pas prendre à la légère : la relation de délégation incite parfois aux confidences. Aussi, votre collaborateur pourra un jour ou l'autre vous faire part de problèmes personnels qui influent sur son efficacité professionnelle. Soutenez-le, si le cas se présente, prêtez une oreille attentive à ses difficultés sans pour autant vous impliquer outre mesure. Ne jugez pas la situation, ne prenez pas non plus partie pour l'un ou l'autre des protagonistes. Souvent, il suffit de manifester un peu d'attention et de sympathie pour soulager son interlocuteur.

Vous êtes prêt ? Alors la délégation peut maintenant commencer...

ET VOUS, OÙ EN ÊTES-VOUS ?

Savez-vous construire une relation de confiance avec votre collaborateur ?

La grille ci-dessous vous aidera à évaluer votre capacité à bâtir une relation de confiance avec votre collaborateur, sans quoi la délégation risque vite de mal se dérouler. Cochez oui ou non pour chacune des affirmations suivantes.

		Oui	Non
1	Vous communiquez sur l'ensemble des décisions que vous prenez.		
2	Vous savez quand il faut officialiser (par écrit) des échanges et quand la parole suffit.		
3	Vous n'exercez pas un suivi serré de ce qui fonctionne bien.		
4	Vous connaissez le parcours professionnel de votre collaborateur et ses souhaits d'évolution.		
5	Vous savez parler à votre collaborateur quand vous n'êtes pas satisfait du travail qu'il réalise.		
6	Vous tenez compte des suggestions de votre collaborateur.		
7	Lorsque vous avez pris une décision, vous vous y tenez.		
8	Vous aidez votre collaborateur à progresser sans craindre que sa carrière surpasse la vôtre.		
9	Vous respectez les opinions de chacun.		
10	Vous tenez votre collaborateur au courant de ce qui se passe dans l'entreprise, y compris si elle est en difficulté.		

Pour connaître le résultat de votre évaluation, reportez-vous à la page 149.

L'ESSENTIEL

Planifier une délégation, c'est vérifier avec votre collaborateur que vous vous entendez sur les règles de la collaboration qui s'annonce.

1 PRÉPAREZ LE CALENDRIER DE TRAVAIL

Sachez le rôle que chacun de vous devra jouer. Prévoyez le déroulement temporel de la délégation.

2 PRÉSENTEZ LE MANDAT À VOTRE DÉLÉGATAIRE

Organisez un rendez-vous en tête à tête pour exposer formellement la délégation : enjeux, objectifs, tâches et résultats attendus.

3 ENTENDEZ-VOUS AVEC VOTRE DÉLÉGATAIRE SUR LE DÉROULEMENT DE LA DÉLÉGATION

Écoutez les remarques de votre collaborateur et faites en sorte d'être tous deux satisfaits des conditions de travail.

4 CONTRACTEZ UN ENGAGEMENT

Soyez sûr que votre collaborateur a bien compris la façon de fonctionner et qu'il fera son possible pour tenir ses promesses.

5 ENTREZ DANS LA PEAU DU DÉLÉGATEUR

Évitez d'empiéter sur le champ d'action de votre collaborateur en le laissant choisir ses méthodes et procédés pour mener la mission à bien. Soutenez-le quand il le faut.

NOTES PERSONNELLES

CHAPITRE 5

Mettre en place une délégation transparente

Les 3 objectifs du chapitre

1. Anticiper les risques

2. Réajuster les objectifs selon les difficultés

3. Soutenir son délégataire

SECTION 1

Évaluez les risques

Malgré tout le soin que vous aurez apporté à la préparation de la délégation, des risques menacent votre collaboration, comme le refus du mandat par le délégataire ou une mauvaise définition des objectifs au départ. Sachez anticiper ces risques pour être prêt à intervenir en temps voulu.

Identifiez les menaces potentielles

Des menaces existent, c'est évident. Mais rassurez-vous, elles sont aisément identifiables.

Priorisez les risques

Vous pouvez même estimer leur probabilité d'apparition et évaluer leur importance. Pour mieux savoir à quoi vous attendre :

- *listez les risques éventuels sans ordre particulier.* Discutez-en avec votre délégataire. Cela peut concerner un déséquilibre entre la réalité et les prévisions, la naissance d'un front d'opposition de l'équipe, une difficulté d'intégration, etc. ;
- *évaluez la probabilité d'apparition de ces risques* en notant chacun d'eux par un chiffre allant de 1 à 4 (1 = peu de risque d'arriver, 4 = risque très probable) ;
- *estimez leur gravité* en utilisant le même processus de notation que précédemment (1 = le risque ne génère pas de menace grave sur la délégation, 4 = le risque entraîne des difficultés très importantes pour la tenue de la délégation) ;

• *rassemblez ces données dans un tableau* à quatre colonnes comme ci-dessous afin de visualiser les menaces.

Risques	Probabilité	Gravité	Pondération du risque
Exemple : le client refuse que le délégataire soit présent (lors d'une délégation de représentation)	2	3	3 x 2 = 6
...			

Multipliez à présent la note de la probabilité par celle de la gravité pour obtenir une dernière note à placer dans la quatrième colonne. Ce résultat, appelé pondération du risque, vous permettra de prioriser les menaces. En toute logique, les totaux les plus élevés correspondent aux risques à suivre de très près.

Apprenez à gérer les conflits

Tenez compte par ailleurs d'une autre menace qui pourrait surgir, celle des conflits – soit directement avec votre délégataire, soit dans l'équipe impliquée.

Par exemple, votre délégataire, sensible aux liens sociaux et à l'ambiance, doit, dans le cadre de son mandat, œuvrer avec un collaborateur attaché à la performance et à l'efficacité. Dans cette situation, le duo pourrait finir par entrer en conflit. Peut-être n'aviez-vous pas imaginé ce genre de menaces ; il

MÉMENTO

Les sources de conflits

Au sein d'un groupe, nombreuses sont les causes qui entraînent oppositions et rivalités. Voici rassemblées les plus fréquentes d'entre elles :

• différence de personnalité, d'intérêts ou d'objectifs ;
• jalousie ou sentiment d'injustice (par exemple, si l'un ou l'autre des collaborateurs est récompensé sans raison valable alors qu'un autre méritait d'être valorisé) ;
• ambition et lutte pour le pouvoir ;
• désorganisation et absence de structure au sein de l'équipe, autrement dit mauvaise définition des rôles.

Gardez l'œil ouvert, cela vous aidera à anticiper ou à comprendre les conflits le jour venu.

est donc temps d'y penser pour être prêt à intervenir. Pour régler un conflit : *commencez par écouter individuellement les revendications des deux antagonistes :* soyez très attentif aux origines des rivalités en faisant preuve d'objectivité ;

• *préparez des réponses qui devraient satisfaire chaque collaborateur,* puis retrouvez-vous tous les trois pour en discuter ; au besoin, négociez ;

• *si les oppositions persistent, faites intervenir une tierce personne* complètement étrangère à la situation.

Lorsque vous aurez listé, priorisé et analysé les risques potentiels, envisagez d'ores et déjà quels moyens permettraient de les solutionner, ou mieux, de les éviter.

Les principaux types de risques

Risques en matière de...	Caractéristiques
Compétences du collaborateur	Le collaborateur n'a finalement pas les compétences requises et n'est pas en situation de les acquérir.
Positionnement vis-à-vis des tiers	D'autres personnes qui travaillent dans l'entreprise ne comprennent pas pourquoi le délégataire a été choisi ; de même pour les clients avec lesquels le délégataire pourrait être en contact.
Suivi de la délégation	Le système de suivi est mal conçu et ne permet pas de vérifier que le délégataire n'abuse pas de son autonomie.
Inadéquation de moyens	Les moyens confiés au délégataire (temps, ressources, formation...) ne suffisent pas pour atteindre les objectifs fixés.

Prévoyez des solutions en amont

Le risque zéro n'existe pas, même si vous investissez des heures, des semaines, voire des mois de travail dans la préparation de votre délégation. Des menaces pèsent sur votre collaboration, comme vous venez de le voir. En prenant conscience de cette réalité, vous affronterez les problèmes plus sereinement le moment venu. Mieux, vous pourrez les anticiper, et même les éviter. Pour plus de prudence :

- *ayez toujours une procédure de rechange au cas où :* pensez-y dès la phase de négociation ou lorsque vous faites le point sur les objectifs et les méthodes à mettre en œuvre avec votre délégataire ;
- *pour chacun des risques identifiés,* réfléchissez dès à présent aux solutions envisageables.

Ces précautions ne sont pas une perte de temps, soyez-en convaincu. Imaginez que vous déléguiez à un collaborateur très performant une présentation de contrat à un client. Toutes les tâches préliminaires se déroulent parfaitement mais, le jour de la rencontre, le client refuse finalement de traiter en direct avec le délégataire. Ne serez-vous pas soulagé d'avoir réfléchi à cette situation auparavant et de disposer d'une solution sous la main ? Pour éviter ce cas de figure, proposez une réunion de présentation antérieure aux négociations. Invitez le délégataire, le client et un de vos supérieurs pour cautionner la situation.

Un dernier conseil : n'hésitez pas à arrêter la délégation si les écarts à combler vous semblent finalement trop importants.

MÉMENTO

Des solutions à envisager

En cas de problème, il existe de nombreuses solutions possibles, selon les tâches confiées, les qualités du délégataire et les vôtres. Par exemple, envisagez :

- l'attribution de ressources supplémentaires ou différentes ;
- le renforcement des compétences par une formation ;
- l'ajustement à la baisse de la portée de la délégation ;
- l'étalement dans le temps de la prise de délégation ;
- la diminution des responsabilités ;
- le renforcement du suivi.

Quoi qu'il arrive, lorsque vous réfléchissez à des solutions, cherchez toujours à répondre aux origines du problème et non à leurs conséquences.

ET VOUS, OÙ EN ÊTES-VOUS ?

Savez-vous comment réagir en situation de risque ?

Le questionnaire à choix multiples ci-dessous liste les cinq risques majeurs que présente une délégation et vous propose pour chacun des réponses ou solutions possibles. Cochez la solution qui vous semble efficace.

Cas n° 1 : Votre délégataire s'avère moins compétent que prévu.

☐ a) Vous le lui dites et lui proposez les moyens nécessaires au développement de ses compétences.

☐ b) Vous revoyez à la baisse les objectifs de la délégation.

☐ c) Vous lui dites tout le mal que vous pensez de son travail et mettez fin à la délégation.

Cas n° 2 : Vous hésitez à vous séparer totalement de l'activité que vous déléguez.

☐ a) Vous n'en confiez qu'une partie à votre délégataire.

☐ b) Vous surmontez vos craintes en la déléguant totalement et en transférant votre savoir-faire.

☐ c) Vous laissez du flou sur les responsabilités entre votre délégataire et vous.

Cas n° 3 : Les autres membres de votre équipe sont hostiles à la délégation.

☐ a) Vous imposez fermement votre délégataire.

☐ b) Tant pis, vous ne faites rien.

☐ c) Vous démontrez que cette délégation servira à l'ensemble de l'équipe et justifiez le choix de votre délégataire.

Cas n° 4 : Les objectifs de la délégation ne sont pas atteints.

☐ a) Vous étudiez avec votre délégataire les raisons de cette situation et mettez en place les actions correctives nécessaires.

☐ b) Vous revoyez à la baisse les objectifs de la délégation.

☐ c) Vous vous interrogez sur la pertinence des objectifs et de leur système de mesure.

Cas n° 5 : Les moyens nécessaires à la tenue de la délégation ne sont pas disponibles (formation, accompagnement, outils...).

☐ a) Vous décalez la mise en place de la délégation, au jour où vous obtiendrez ces moyens.

☐ b) Vous mettez quand même en place la délégation, en faisant le maximum pour obtenir rapidement les moyens.

☐ c) Vous mettez en place la délégation et ne vous souciez plus des moyens.

Pour connaître le résultat de votre évaluation, reportez-vous à la page 149.

Repérez les difficultés de votre collaborateur

Au-delà des risques qui menacent la délégation de manière générale, votre collaborateur pourrait être personnellement confronté à certains problèmes : surestimation de ses capacités, difficulté de progresser, dispersion... Pour éviter cela, discutez avec lui des soucis qu'il rencontre au quotidien afin de réajuster les objectifs du mandat. N'hésitez pas à lui donner à nouveau le détail de ce vous attendez de lui et à renégocier.

Tenez compte des remarques de votre délégataire

Votre délégataire pourrait, au cours de votre collaboration, se laisser submerger par certaines difficultés. Dans ce cas, ne le laissez pas résoudre seul ses problèmes en imaginant qu'il manque d'autonomie. Ne confondez pas les situations !

De plus, si à première vue votre délégataire semble entièrement responsable de la situation, il se peut que vous soyez finalement plus impliqué que vous ne l'envisagez. Souvenez-vous : la délégation est un travail d'équipe et les responsabilités sont partagées.

Organisez donc une nouvelle rencontre individuelle avec, comme ordre du jour, l'étude des difficultés du délégataire et la détermination des responsabilités.

- *Commencez par décrire soigneusement ses difficultés.* Cela peut être un problème de compétence, de motivation, d'organisation, de confiance en soi, de personnalité s'il est trop timide et peu ambitieux, de pression…

- *Puis laissez votre délégataire se défendre :*
  - comment explique-t-il la situation ? ;
  - a-t-il sous-estimé ses limites ou bien caché son manque de motivation ? ;
  - s'est-il véritablement investi ? ;
  - manque-t-il de temps ?

- *Donnez ensuite votre version des faits* sans dissimuler vos possibles erreurs :
  - êtes-vous sûr d'avoir été suffisamment explicite quant aux objectifs, aux enjeux et aux résultats ? ;
  - êtes-vous assez disponible et prenez-vous le temps d'écouter votre collaborateur ?

- *Enfin, entendez-vous sur les causes de la situation.* Résumez vos remarques par écrit et trouvez les solutions qui conviennent.

Attention, soyez honnête dans vos pratiques, et n'enquêtez pas sur votre délégataire en cas de soupçon. Adressez-vous toujours à lui et ne lui dissimulez pas vos doutes, faute de quoi vous finirez par perdre sa confiance. En revanche,

---

CONSEIL PRATIQUE

Apprendre à gérer le stress

Et si votre délégataire était tout simplement stressé par son mandat ? Interrogez-le pour savoir s'il subit une pression trop forte et observez sa conduite : présente-t-il des symptômes de stress (maux de tête, angoisse, fatigue, palpitations, tristesse, impatience…) ? Si vous observez certains de ces troubles :

- rassurez-le en lui rappelant que le stress résulte fréquemment de l'incertitude ;
- revenez avec lui sur son organisation quotidienne ;
- aidez-le à prendre du recul dans les situations délicates ;
- proposez-lui de se changer les idées quelque temps, en mettant la délégation de côté pendant deux ou trois jours, par exemple.

Gérer son stress n'est pas mission impossible, mais le délégataire doit prendre conscience de son état et se donner les moyens de se défaire de ses angoisses. Conseillez-le pour l'aider à s'en sortir.

soyez intraitable avec ceux qui cachent leurs erreurs et refusent de les reconnaître. Cette situation délicate est peut être l'occasion de réévaluer votre délégataire :

- Revenez sur les raisons qui vous ont conduit à le choisir, lui en particulier. Au vu des difficultés rencontrées, avez-vous fait le bon choix ?
- Pensez-vous qu'un autre candidat aurait été plus apte et, si oui, pour quelles raisons ?
- Évitez de prendre une décision hâtive : révisez les objectifs et poursuivez la collaboration.

Revoyez certains aspects du mandat si nécessaire

Tout au long de votre collaboration, les principaux sujets d'échange avec votre délégataire seront vraisemblablement les moyens et les objectifs, sujets pouvant impliquer l'un comme l'autre quelques réajustements en cours de mandat.

Si votre délégataire vous sollicite sur les moyens

Si, au bout de quelques mois de fonctionnement, votre délégataire demande soit davantage de moyens, soit des moyens différents, essayez d'en déterminer la cause. Il est clair que sa demande ne doit pas masquer des difficultés qu'il rencontre. Toute demande concernant l'octroi de moyens différents ou supplémentaires doit plutôt correspondre à une phase de prise en main du mandat par votre délégataire et à une perception affinée de ses besoins.

Faites régulièrement le point sur les objectifs

Il est important de faire régulièrement le point sur l'état d'avancement des objectifs et objectifs intermédiaires fixés lors de la rencontre initiale, en particulier si votre délégataire semble en difficulté.

Dans ce cas précis, n'hésitez pas à organiser une nouvelle rencontre dans le cadre de laquelle vous redéfinirez les objectifs de départ en fonction de la situation et des problèmes ou obstacles relevés. Reprenez le calendrier en réfléchissant à chacune des étapes principales et intermédiaires que vous aviez établies. Par exemple :

- si vous aviez exigé un compte rendu de réunion, n'hésitez pas à fractionner les tâches en cas de difficulté de votre délégataire. Modifiez l'intitulé des tâches ainsi fragmentées :
  - demandez d'abord une liste des éléments clés de la réunion en question, ainsi que des intervenants et de leur fonction ;
  - proposez ensuite à votre délégataire de rédiger un plan détaillé de son futur compte rendu ;
  - puis réclamez le compte rendu dans son intégralité.
- reformulez les dates de remise pour chacune des étapes principales et intermédiaires. Bien entendu, cette démarche implique de revoir également les résultats intermédiaires et finaux.
- renégociez toutes les modifications avec votre délégataire.

Cette rencontre où vous remettrez à plat les conditions vous prendra moins de temps que la rencontre initiale : reprenez seulement les points délicats et non l'ensemble du mandat. Au cours de cette mise au point, soyez très vigilant et insistez sur le fait qu'une telle opération ne se renouvellera pas. En effet, cela vous ferait perdre du temps sans avoir l'assurance d'obtenir un jour les résultats escomptés. Si jamais cela devait se reproduire, vous en serez réduit à terminer vous-même le mandat ou à choisir un autre délégataire.

CONSEIL PRATIQUE

Transformer un échec en succès

Si votre délégataire peine à assumer ses responsabilités malgré le réajustement des objectifs, analysez les échecs avant de prendre la décision d'arrêter votre collaboration. Il y a forcément une raison à son échec.

- Vérifiez que votre délégataire et vous-même aviez bien en main l'information suffisante.
- Réfléchissez aux sources du problème. Le délégataire avait-il assez de moyens ? Avait-il suffisamment d'expérience ? Êtes-vous sûr qu'il avait intégré les objectifs et les enjeux ?

Traitez les problèmes au plus vite pour ne pas envenimer la situation et tirez ensemble les leçons de ce dérapage. Transformez vos erreurs respectives en outils de formation. Accordez une seconde chance à votre délégataire qui, fort de son expérience, devrait trouver les moyens d'obtenir les résultats escomptés.

SECTION 3

Favorisez la transmission d'information

Parmi les points essentiels à retenir, notez ceci : faites circuler l'information, par n'importe quel moyen. Réunions, courrier, courriels, peu importent les moyens, pourvu que vous, le délégateur, jouiez pleinement votre rôle de médiateur dans le cadre du mandat. C'est à vous qu'il revient de faire le lien entre la direction et le délégataire, car ils auront *a priori* peu d'occasions de se rencontrer.

Organisez des rencontres d'information

Jusqu'alors, vous avez eu des rencontres régulières avec votre direction, au cours desquelles vos supérieurs vous transmettaient de l'information. Il vous arrivait parfois d'avoir à faire circuler celle-ci au sein de l'équipe, mais cela n'était pas dans vos habitudes. La situation doit changer sans plus tarder !

En effet, votre délégataire n'entrera sûrement pas en relation directe avec la direction ; or il aura besoin d'information spécifique, puisqu'il exécute certaines de vos tâches. Avant la délégation, vous étiez destinataire ; votre collaborateur l'est maintenant à votre place.

Parmi tous les moyens de communication existants – courrier, courriels, appels téléphoniques –, les rencontres d'information restent les plus efficaces, à condition bien sûr de ne pas verser dans l'excès. Lorsque vous avez à transmettre une information qui mérite une rencontre :

- *fixez un rendez-vous à votre collaborateur* en précisant au préalable la raison de l'entretien ;
- *pour tirer de réels bénéfices de ces réunions,* soyez positif. Instaurez une relation d'égal à égal en vous adressant à votre collaborateur comme vous le feriez avec un associé ;
- *avant la rencontre, vous aurez pris soin de préparer un mémo* récapitulant les informations à transmettre. Précisez notamment :
  - les émetteurs du message, avec leurs coordonnées pour les joindre au besoin ;
  - les destinataires. Le délégataire est-il le seul à recevoir ces données ? Cela concerne-t-il directement ou indirectement la délégation ? Et à quelle fréquence ?
  - le degré de confidentialité de l'information : le délégataire peut-il faire circuler l'information au sein de l'équipe et, si oui, à qui précisément ?

CONSEIL PRATIQUE

Soigner ses communications écrites

Malgré tout l'intérêt que présentent les échanges oraux (la téléphonie, les téléconférences, etc.), la communication écrite reste essentielle. En effet, elle permet de garder une trace des échanges. Prêtez à vos notes, remarques et commentaires manuscrits l'attention qu'il convient.

- Datez vos textes, quels qu'ils soient, même s'ils sont très courts et sans importance à votre avis.
- Réfléchissez à l'objet de vos commentaires. Il doit être clair et concis : à qui écrivez-vous, pourquoi et dans quel contexte ?
- Organisez vos idées et adoptez un plan logique, ne vous dispersez pas.
- Restez simple dans l'écriture, préférez les tournures actives et restez le plus positif possible.
- Signez en fin de page.

Enfin, pensez à laisser vos coordonnées pour que le destinataire du message puisse vous contacter au besoin.

- *concluez la rencontre en vérifiant que le délégataire a bien intégré l'information* reçue. Demandez-lui, par exemple, d'envisager les conséquences de ces nouvelles données sur ses activités.

Transmettre à votre délégataire l'information provenant de votre direction n'est pas le seul exercice que vous devez effectuer ; pensez au compte rendu que vous aurez à effectuer auprès de vos supérieurs.

Établissez un lien avec la direction

Il s'agit à présent de faire remonter l'information du délégataire à la direction. En effet, vous devrez rendre compte de la progression de la collaboration à vos supérieurs. Inutile, toutefois, de faire un rapport complet et détaillé des activités du délégataire ; cela serait une perte de temps pour vous, mais aussi pour vos interlocuteurs.

Vos supérieurs ont-ils besoin de connaître les moindres faits et gestes de votre collaborateur ? Bien sûr que non. Pas plus qu'ils n'ont besoin de connaître le quotidien de leurs employés. Apprenez à sélectionner les éléments à transmettre :

- *Interrogez-vous sur les besoins des patrons :*
  - que doivent-ils savoir pour prendre des décisions ? ;
  - ont-ils besoin d'évaluer la progression, et si oui, à quel rythme ? ;
  - doivent-ils être tenus au courant de toutes les difficultés ? ;
  - faut-il leur faire parvenir un compte rendu des résultats intermédiaires ?
- *Vérifiez auprès de vos patrons que les éléments de votre compte rendu suffisent* et laissez-leur le choix du moyen de communication pour cette transmission : préfèrent-ils un rapport écrit ou oral ?

POUR ALLER PLUS LOIN

De l'art de faire comprendre un message oral

Transmettre un message, c'est bien; le faire comprendre, c'est mieux. Pour ce faire, n'hésitez pas à appliquer ces quelques recommandations:

- Assurez-vous d'abord d'avoir vous-même compris le message, faute de quoi vous risqueriez de retransmettre de l'information erronée.
- Préparez une explication simple et concise en l'illustrant d'exemples concrets, d'anecdotes, d'histoires vécues.
- Adaptez cette explication à votre interlocuteur. Connaît-il le sujet? Quelles sont ses références dans le domaine?
- Faites des pauses au cours de l'exposé en interrogeant votre interlocuteur: suis-je assez rapide, ou trop?

Enfin, pour être sûr que votre interlocuteur a compris le message, demandez-lui de vous le résumer. S'il est capable de faire ressortir les éléments clés de l'échange, vous aurez rempli votre mission.

- *Rassemblez les données* en allant à l'essentiel et en évitant d'exagérer les réussites du délégataire ou de vous plaindre des difficultés rencontrées.

Par ailleurs:

- *Discutez ensemble du rythme de ces comptes rendus* en vous basant, pourquoi pas, sur la planification inversée et la délégation. Cela peut être une note manuscrite hebdomadaire, une rencontre mensuelle, un rendez-vous après chaque résultat intermédiaire atteint, etc.

- *N'hésitez jamais à informer vos patrons de votre satisfaction* envers le délégataire: la collaboration peut devenir un véritable tremplin pour son évolution de carrière.

SECTION 4

Encouragez votre collaborateur

La délégation est engagée, et votre collaborateur a toutes les cartes en main pour atteindre les objectifs fixés: moyens, méthodes, information... Il sait en outre que vous êtes là au besoin. Mais peut-être manque-t-il encore d'un peu de confiance. Aussi, encouragez-le avant même qu'il ne fasse ses premières preuves. Créez un environnement favorable à l'épanouissement de votre délégataire.

Valorisez ses prises d'initiatives

Si le délégataire veut tirer un maximum de bénéfices de son expérience, il doit prendre des initiatives. N'est-ce pas plus motivant que de recevoir des ordres? Il sera d'autant plus performant qu'il gérera ses tâches et aura le sentiment de s'accomplir dans son travail.

Si votre collaborateur semble avoir du mal à s'affirmer, vérifiez qu'il a bien évalué son domaine de responsabilité et qu'il ne manque pas de confiance en lui. Pour ce faire, interrogez-le:

- Sait-il quelles sont les limites de son champ d'action?
- A-t-il peur de faire des erreurs?
- Fait-il toujours ce qu'il dit?
- Défend-il toujours ses idées jusqu'au bout?
- Est-il à l'aise lorsqu'il parle en public?
- Préfère-t-il travailler seul ou en groupe?

- Craint-il les personnes qui savent s'affirmer?
- A-t-il un tempérament de preneur de risques?

En aucun cas vous ne devez (ni ne pouvez, d'ailleurs!) obliger votre délégataire à prendre des initiatives et à faire preuve d'un peu d'audace. Il n'y a pas de méthode miracle pour l'inciter à suivre cette voie. En revanche, vous pouvez faire en sorte que votre collaborateur se sente à l'aise et respecté par son entourage.

Créez un environnement positif. Vous verrez que cela est tout aussi bénéfique que de répéter à votre délégataire dès que vous en avez l'occasion : «Affirmez-vous!» Rabâcher sans expliquer ne sert à rien.

TÉMOIGNAGE

Le moindre geste peut encourager

Depuis qu'elle encourage ses délégataires, Élise remarque une augmentation de leur efficacité. Directrice dans une agence de publicité, elle a mis des années à comprendre l'intérêt de la motivation au quotidien. «Pendant longtemps, une fois la délégation engagée, je me retirais. Bien sûr, je suivais le travail, mais je n'attachais pas vraiment d'importance aux réussites et aux difficultés de mon délégataire; pour moi c'était une perte de temps. Et puis un jour, un de mes délégataires m'a vraiment impressionnée par sa maîtrise de la situation. Je l'ai félicité et encouragé à poursuivre dans cette voie… et il a redoublé d'efforts! J'ai continué moi aussi dans la voie des encouragements. L'important, c'est de montrer au délégataire qu'on le regarde; le moindre détail l'encourage: un sourire, un simple remerciement, une invitation à partager un café… Aujourd'hui, je suis entourée d'une équipe très performante!»

Mettez en avant ses réussites

Vous seul avez le recul nécessaire et suffisant pour pointer du doigt les réussites de votre collaborateur. En effet, personne ne suit sa progression d'aussi près que vous. En outre, votre délégataire cherche votre reconnaissance en premier lieu. Alors montrez-lui que vous gardez un œil sur son évolution.

Ouvrez-lui de nouveaux horizons

Lorsque votre collaborateur atteint un objectif ou réussit à passer une étape, vous pouvez être fier et mettre en avant sa réussite auprès des patrons, des collaborateurs, des clients, des fournisseurs… en toute modération, bien sûr – en parlant à tout bout de champ des talents de votre délégataire, vous risqueriez de le décrédibiliser, provoquant l'effet inverse de celui désiré.

Vous pouvez toutefois aller encore plus loin en l'aidant à élargir ses compétences. Par exemple :

- augmentez progressivement l'étendue ou la difficulté de ses tâches ;
- présentez-lui les activités qui s'exercent en amont et en aval de son mandat ;
- invitez-le à participer avec vous à des réunions, conférences ou colloques qui concernent de loin son domaine d'activité, ce qui lui permettra de s'ouvrir à d'autres secteurs ;
- laissez-le travailler en direct avec la direction dès que cela est possible ; suscitez ce genre de rencontres au besoin.

Initiez-le à l'autoévaluation

De son côté, votre collaborateur doit essayer de reconnaître ses propres succès, car vous ne serez pas toujours derrière lui. L'exercice est délicat, certes, mais il n'est pas impossible.

- *Préparez une grille de remarques ou de compétences à développer dans le cadre de la mission concernée* (voir ci-dessous). À vous d'inscrire les remarques les plus pertinentes en fonction de votre situation de délégation.

- *Faites-la remplir par le délégataire,* qui doit y répondre le plus honnêtement possible. Laissez-lui quelques jours pour y réfléchir.

- *Discutez ensemble des résultats des premières grilles* d'auto-évaluation avant de vous dégager de cet exercice. Indiquez à votre collaborateur comment tirer profit des résultats. Lorsqu'il «sait faire», il doit trouver les moyens de s'améliorer ou de diversifier ses compétences, tandis que s'il «ne sait pas faire», il doit combler ses lacunes.

	Sait faire	Ne sait pas faire
Exemple : maîtrise générale de l'activité confiée		
Exemple : mise en œuvre d'un procédé cohérent, telle une méthode de classement pour répertorier les fournisseurs de l'entreprise		
Exemple : cherche de lui-même l'information manquante, comme des données pour décrire un client potentiel		

À présent, la délégation fonctionne, vous connaissez de mieux en mieux votre collaborateur, la confiance s'affermit. Soutenu et encouragé, le délégataire atteint les premiers résultats intermédiaires. Il est temps de passer au suivi des activités.

ET VOUS, OÙ EN ÊTES-VOUS ?
Votre délégation est-elle transparente ?

La grille ci-dessous vous aidera à vérifier que la délégation repose sur un échange clair et transparent, à la fois avec votre délégataire, vos patrons et vos collaborateurs.

		Oui	Non
1	Vous transmettez à votre délégataire toute l'information que vous connaissez relativement aux tâches déléguées.		
2	Vous informez votre délégataire des usages et pratiques de l'entreprise.		
3	Vous encouragez officiellement votre délégataire.		
4	Vous n'hésitez pas à replacer les choses avec votre délégataire en cas de difficultés.		
5	Vous indiquez à vos supérieurs ce que vous avez délégué.		
6	Vous avez fixé des objectifs clairs à atteindre pour les tâches déléguées.		
7	Vous ne prenez pas le crédit du travail du délégataire lorsque vous rendez compte à vos supérieurs.		
8	Vous avez pris un engagement clair sur la délégation comme outil de gestion de ressources humaines (par exemple, en soutenant votre délégataire performant dans sa carrière).		
9	Vous avez mis en place un système transparent de suivi du délégataire et de mesure de ses résultats.		
10	Vous communiquez sur la délégation auprès des autres collaborateurs de votre équipe.		

Pour connaître le résultat de votre évaluation, reportez-vous à la page 150.

L'ESSENTIEL

Mettre en place une collaboration transparente, c'est anticiper les risques et faire face directement aux difficultés avec les personnes concernées ; c'est faire circuler l'information et encourager son collaborateur.

⬛ ANTICIPEZ LES MENACES

Listez et analysez les risques éventuels. Estimez leur probabilité d'apparition et leur degré d'importance. Suivez de près les plus dangereux.

⬛ TROUVEZ DES SOLUTIONS AU PLUS TÔT

Réfléchissez aux conséquences des risques avant que les problèmes ne surviennent pour être prêt à intervenir.

⬛ SOYEZ CONSCIENT DES DIFFICULTÉS DE VOTRE COLLABORATEUR

Demandez à votre collaborateur de recenser ses difficultés et de réfléchir à sa propre implication.

⬛ RELIEZ LE DÉLÉGATAIRE À LA DIRECTION

Faites circuler l'information des supérieurs au délégataire, et inversement.

⬛ VALORISEZ VOTRE COLLABORATEUR

Encouragez votre collaborateur pour l'inciter à prendre des initiatives. Reconnaissez ses réussites et aidez-le à aller encore plus loin en développant ses compétences.

NOTES PERSONNELLES

CHAPITRE 6

Accompagner son collaborateur jusqu'au bout

Les 3 objectifs du chapitre

1. Superviser le travail
2. Récompenser son délégataire
3. Clore la délégation

Jusqu'au bout...

SECTION 1

Surveillez la délégation sans intrusion

Maintenant que la délégation est bien engagée, vous devez garder un œil sur les activités de votre délégataire. Attention, surveiller n'est pas sanctionner ; c'est plutôt veiller à ce que la collaboration s'effectue dans de bonnes conditions. À vous d'être vigilant en évitant de tomber dans le piège de l'intrusion.

Personnalisez votre suivi

Le suivi des performances n'est pas un outil de sanction, mais un moyen d'aider votre délégataire à respecter ses engagements. Il est un instrument qui vous assure qu'aucune phase de la délégation ne sera négligée. Dans un premier temps, mettez en place un système de suivi formel à définir avant le début de la délégation. Par exemple :

- *demandez à votre collaborateur de vous fournir régulièrement un compte rendu écrit* de ses activités (par courriel ou par mémo). Adaptez le rythme de ce compte rendu au temps que dure la délégation ; ainsi, exigez un mémo toutes les semaines si la mission dure plusieurs mois, tous les jours s'il s'agit d'une intervention d'une à deux semaines ;

- *fixez des rencontres individuelles* pour discuter de l'évolution du mandat. De la même manière que pour les comptes rendus écrits, adaptez le rythme des rencontres en fonction de la durée du mandat ;

- *organisez des réunions* avec la direction, le délégataire ainsi que les collaborateurs concernés au moment des étapes décisives. Au cours de ce type de rencontre, veillez à ce que le délégataire ne minimise pas ses responsabilités, que la mission soit en bonne voie ou non.

Quel que soit le mode de communication, instaurez un système de suivi personnalisé. Ajustez votre approche au délégataire, c'est-à-dire à sa personnalité, mais aussi à ses compétences et à sa faculté d'adaptation aux conditions de travail.

- *Si votre délégataire est autonome,* expérimenté et qu'il accomplit les tâches sans jamais demander d'aide, intervenez seulement au moment des étapes déterminantes. Il ne vous est même pas nécessaire d'organiser une réunion pour faire le point ; discutez rapidement de l'évolution de la mission avec lui et rappelez-lui que vous êtes disponible à la moindre difficulté. Mais attention, ne tombez pas dans le piège, celui qui revient à donner entière liberté à son délégataire sous prétexte qu'il peut se débrouiller. Maintenez un véritable suivi malgré toutes les aptitudes et compétences de votre délégataire.

- *Si votre délégataire a peu confiance en lui* et qu'il commet des erreurs de temps en temps, soyez très vigilant :

CONSEIL PRATIQUE

Que faire quand tout va mal ?

Dans certaines situations, c'est vrai, la délégation peut s'avérer plus compliquée que prévu. Voici donc quelques conseils pour vous venir en aide le cas échéant.

- Demandez à rencontrer votre délégataire régulièrement pour faire le point et intensifier le suivi.
- Accordez des délais supplémentaires en repoussant l'échéance des résultats.
- Déchargez le délégataire d'une partie ou de l'entièreté de ses responsabilités. Par exemple, reprenez une partie de la mission pour alléger la tâche de votre collaborateur.

Dans tous les cas, les décisions doivent être expliquées et prises, au final, d'un commun accord. Si les problèmes persistent, mettez un terme à la délégation.

- exigez des rapports écrits et prévoyez des rencontres, et ce, le plus souvent possible;
- veillez à ne pas étouffer votre collaborateur quel que soit le stade de la collaboration : ne confondez pas surveillance et interventionnisme. N'essayez pas de chercher à savoir comment il opère et gère son quotidien, cela ne vous regarde pas. Suivez les résultats.

Bien sûr, ce système pourra changer en fonction de l'évolution de la délégation. Souvent, la confiance et l'autonomie grandissent avec l'expérience. Logiquement, vous devriez ralentir le rythme des rapports écrits et des réunions à plus ou moins long terme.

Maintenez une distance raisonnable

Peut-être serez-vous un peu anxieux une fois la délégation engagée. Que diable fait donc votre délégataire quand vous n'êtes pas là? Il s'agit là d'un sentiment tout à fait normal. Toutefois, veillez à ne pas trop vous ronger les sangs.

- *Pour vous libérer l'esprit, faites confiance à votre délégataire :* exercez le suivi établi entre vous sans pour autant l'étouffer. Dites-vous que trop le couver serait contreproductif : en maintenant une distance prudente, vous aurez toutes les chances d'obtenir des résultats positifs.

- *Interrogez-vous également sur l'utilité de la délégation si vous restez sans cesse auprès de votre collaborateur pour le surveiller.* N'avez-vous pas choisi cette façon de faire pour vous dégager du temps et vous consacrer à d'autres types de tâches moins opérationnelles?

- *Concrètement, pour éviter les risques d'intrusion :*
  - ne vérifiez pas comment le délégataire s'organise au quotidien ni comment il applique ses méthodes de travail;

– suivez la progression générale des activités et validez l'atteinte des objectifs fixés lors de la rencontre initiale.

Dans certaines situations, il est parfois difficile de maintenir les limites. Mettez les choses au clair au plus vite.

• *Lorsque le délégataire vous interrompt très fréquemment* parce qu'il pense que vous devez le suivre au plus près de ses activités :

– rappelez-lui que si vous avez choisi le rapport écrit, la rencontre ou même les deux, c'est que ceux-ci suffisent largement. Faites-lui comprendre que vous avez choisi le rythme des rencontres et que vous n'avez pas fixé ce rythme à la légère, avec pour seule raison vos disponibilités. Ne laissez pas le délégataire croire que vous limitez les rencontres faute de temps ;

– pistez-le : avant qu'il ne vienne vers vous, demandez-lui de vous solliciter au préalable par courriel ou par téléphone en précisant l'objet de la rencontre. Le délégataire doit apprendre à juger ce qui est une véritable urgence ou un obstacle insurmontable ;

– s'il manque de confiance en lui ou s'il persiste, ne cédez pas à son inquiétude en augmentant le suivi, cela ne servirait à rien. Misez plutôt sur la motivation, l'encouragement, voire les récompenses (voir la page 137) ;

MÉMENTO

Les erreurs à ne pas commettre

Durant le suivi de la délégation, il y a certaines erreurs qu'il vous faut éviter à tout prix. Garder une distance raisonnable ne suffit pas ; abstenez-vous aussi de :

• maintenir le même niveau de suivi sans tenir compte de l'évolution positive ou négative du délégataire. En effet, vous pourriez soit le démotiver, soit accroître les risques d'erreurs ;

• émettre des doutes sur les aptitudes et compétences de votre délégataire, ou bien de le relever d'une partie du mandat de manière indirecte, c'est-à-dire sans le prévenir, car vous risqueriez de perdre sa confiance ;

• refaire le travail de votre délégataire en tout ou en partie : cela dévaloriserait ses efforts et vous ferait perdre du temps.

- *Lorsque les premiers résultats ne sont pas satisfaisants :*
  - faites le point sur la raison de ses lacunes ;
  - réajustez objectifs, moyens et délais ;
  - poursuivez le mandat et maintenez le même rythme de suivi que précédemment en attendant les résultats suivants ;
- *Lorsque vous reproduisez de mauvaises habitudes que vous avez subies en tant que délégataire.* Si vous avez été habitué à un suivi quotidien, à la limite de l'intrusion, prenez du recul. Vos supérieurs aussi ont leurs défauts ; sachez vous en défaire. Sachez faire la différence entre une surenchère inutile de comptes rendus et un suivi responsable qui rend le délégataire garant des résultats. Cela vous demandera peut-être du temps et davantage d'expérience, mais vous verrez, au bout de quelques délégations, que vous trouverez un équilibre.

ET VOUS, OÙ EN ÊTES-VOUS ?

Êtes-vous un professionnel du suivi ?

La grille ci-dessous vous aidera à vérifier que vos pratiques de suivi sont équilibrées et qu'elles contribuent largement à la réussite de la délégation.

	Affirmations	Oui	Non
1	Vous personnalisez votre suivi en fonction des compétences et des comportements de votre délégataire.		
2	Vous savez utiliser à bon escient l'écrit et l'oral dans votre supervision.		
3	Vous savez baser votre suivi sur des éléments objectifs.		
4	Vous ajustez votre suivi en fonction des résultats obtenus, en le resserrant en cas de difficultés ou en l'allégeant lorsque la délégation fonctionne très bien.		
5	Vous ne suivez pas avec insistance les activités de votre délégataire ; vous vous concentrez surtout sur ses résultats.		
6	Vous utilisez des indicateurs avec des éléments quantifiés, chiffrés.		
7	Vous maintenez au moins un rendez-vous mensuel avec votre délégataire.		
8	Vos pratiques de suivi sont acceptées et négociées avec votre délégataire.		
9	Vous êtes capable de prendre très rapidement une décision en fonction des éléments qui ressortent de votre suivi.		
10	Vous avez déjà modifié (allégé, arrêté, ajusté) une délégation en fonction de ce que votre suivi vous a permis de constater.		

Pour connaître le résultat de votre évaluation, reportez-vous à la page 151.

Précisez d'avance les modalités d'encadrement

Effectuer un compte rendu efficace est gage de votre réussite. Aussi, pensez à mettre en place des méthodes de vérification le plus tôt possible. Un conseil? Veillez à distinguer contrôle des activités et contrôle des résultats. Ne prenez pas votre délégataire au dépourvu, discutez avec lui des modalités à mettre en place sans faire preuve de négligence. N'oubliez pas qu'au bout du compte, c'est vous qui êtes responsable des résultats.

Choisissez un mode de compte rendu adapté

Vous avez déterminé des objectifs et prévu des résultats? Il convient maintenant de les vérifier, et le plus tôt sera le mieux. N'attendez pas la fin de la délégation pour inspecter le travail de votre collaborateur. Si la délégation peut très bien s'effectuer sans contrôle, ne prenez toutefois aucun risque.

Du contrôle des activités...

Il est important de faire la différence et de trouver le bon équilibre entre le contrôle des activités, d'une part, et le contrôle des résultats, d'autre part. Contrôler les activités, c'est surveiller ce que fait votre délégataire au quotidien. C'est peut-être utile au démarrage de la délégation, mais cela risque ensuite d'être interprété comme une ingérence contraire à l'autonomie nécessaire et propre à la délégation. Soyez donc vigilant sur ce point (voir la page 123).

... à l'évaluation des résultats

Votre rôle consistera surtout à étudier avec le délégataire l'atteinte des objectifs fixés lors de la rencontre initiale. Cette opération est légitime pendant toute la durée de la délégation et se fait essentiellement par des rencontres de suivi.

Cela suppose :
- que les objectifs en question soient mesurables et signifiants ;
- qu'ils soient effectivement mesurés régulièrement ;
- qu'il existe un système d'alerte permettant au délégateur d'être informé en temps réel d'éventuels dérapages.

Aussi, votre délégataire doit-il vous rendre compte en temps voulu des résultats qu'il a atteints afin que vous puissiez suivre ses avancées – ce qui n'empêche pas les contrôles inopinés, demandés ou non par votre collaborateur.

Il existe plusieurs méthodes de contrôle que vous pouvez combiner entre elles. À vous de choisir celles qui vous conviennent. Distinguez :
- *le contrôle direct,* c'est-à-dire en direct avec le délégataire par des rencontres et des échanges, sur la base des éléments de mesure partagés. Fixez des rendez-vous aux dates prévues au calendrier et demandez à voir concrètement les résultats, comme une liste de clients, une méthode de classement, un compte rendu de réunion, etc. ;
- *le contrôle indirect.* Cherchez dans ce cas de l'information sur la tenue de la délégation en interrogeant d'autres personnes (collaborateurs, clients, fournisseurs...). Cela évite de se fier

seulement aux éléments ressortis par le délégataire. Utilisez ces renseignements avec précaution en les contre-vérifiant auprès de plusieurs personnes pour vous assurer de leur véracité.

La supervision est un exercice délicat, car elle exige d'être souple et ferme à la fois. Ménagez votre délégataire et soyez honnête avec lui, en le prévenant dès que possible des moments de contrôle. Pourquoi ne pas établir un calendrier des étapes clés de la vérification ?

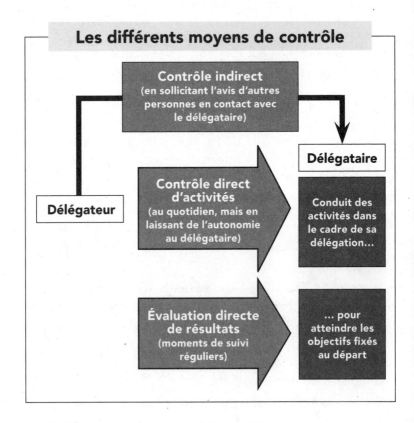

Les différents moyens de contrôle

Contrôle indirect
(en sollicitant l'avis d'autres personnes en contact avec le délégataire)

Délégateur

Contrôle direct d'activités
(au quotidien, mais en laissant de l'autonomie au délégataire)

Délégataire

Conduit des activités dans le cadre de sa délégation...

Évaluation directe de résultats
(moments de suivi réguliers)

... pour atteindre les objectifs fixés au départ

Établissez un tableau de contrôle

Si le choix et la mise en œuvre du système de compte rendu vous reviennent, soyez tout de même vigilant : évitez de mener ces opérations à l'insu du délégataire. Rappelez-vous que la délégation est un exercice qui se vit à deux. Alors pourquoi ne pas établir une sorte de calendrier des types et des étapes de contrôle que vous présenterez au délégataire ?

- *Préparez-vous un tableau* avec, dans une première colonne, les résultats intermédiaires attendus ; dans une deuxième colonne, les échéances ; et dans une troisième, les résultats effectifs du délégataire. Pour ce faire, aidez-vous du calendrier de la délégation.

- Pour vous faire une idée encore plus précise de l'évolution de la délégation et pour parfaire votre contrôle, *ajoutez une dernière colonne intitulée «Compétences acquises»*. Reprenez l'exemple ci-dessous :

Résultats attendus	Durée de réalisation et échéance	Résultats effectifs du délégataire	Compétences acquises
Formation informatique spécifique d'un nouveau collaborateur	1 semaine, 1er novembre 2011	Instruit un collaborateur formé à l'informatique en général mais pas à tous les logiciels de votre secteur	Organisation, développement de ses habiletés interpersonnelles et maîtrise plus grande des logiciels

Remplissez votre tableau au fur et à mesure du déroulement du mandat et donnez régulièrement de la rétroaction à votre collaborateur :

- *Si vous êtes satisfait*, poursuivez la collaboration en orientant votre collaborateur vers les prochains résultats. Par exemple, dans le cadre d'un mandat ayant pour objet de trouver de nouveaux fournisseurs, lorsque vous aurez validé la liste détaillée des fournisseurs potentiels, faites le point sur l'étape suivante, qui pourrait être d'entrer en contact avec les fournisseurs, sans oublier de rappeler les échéances de cette nouvelle étape.

- *Si vous êtes insatisfait,* stoppez le mandat le temps de faire le point avec votre collaborateur. Interrogez-le sur les raisons de ses résultats, mauvais ou partiels, puis prenez les décisions qui conviennent avant de relancer les opérations : dotation de nouveaux moyens, réajustement des objectifs, mise en place d'une formation, etc.

Votre rétroaction sera d'autant plus positive que vous chercherez à comprendre et à expliquer la situation. En demandant à votre délégataire de détailler ses méthodes de travail, vous lui permettrez d'expliciter ses réussites et ses échecs.

Au cours des phases de vérification, veillez toujours à ce que le délégataire soit non seulement satisfait de ses résultats, mais qu'il continue, en outre, à tirer satisfaction de ses activités. Lorsque les résultats sont vraiment positifs, pensez à récompenser votre collaborateur. C'est un moyen supplémentaire de le motiver.

SECTION 3

Récompensez les délégataires méritants

Votre délégataire sera d'autant plus efficace qu'il sera reconnu et valorisé. Or la récompense n'est-elle pas un bon moyen d'exprimer sa satisfaction? N'hésitez donc pas à le faire. Félicitations officielles, prime, augmentation de salaire ou jours de congé, à vous de choisir. Mais attention: soyez juste et restez objectif.

Basez-vous sur les résultats

Une récompense n'a de valeur que si elle est méritée. Pourquoi exprimer votre reconnaissance à un collaborateur qui ne vous donne pas satisfaction? En outre, quelle serait la réaction de votre équipe si vous veniez à récompenser votre délégataire sans raisons fondées? Jalousies, rancunes et autres sentiments négatifs... Vous pourriez perdre la confiance de certains membres de votre entourage.

Basez-vous donc sur des indices objectifs. Les compétences, les qualités personnelles et les aptitudes sont souvent difficiles à évaluer. Pensez aux résultats – ils sont parmi les meilleures preuves de réussite, surtout si vous avez bien défini au préalable les indicateurs permettant de mesurer l'atteinte des objectifs.

- *Démontrez la performance de votre collaborateur au moyen de critères mesurables*, tels que «a permis de diminuer de 10 % le nombre de réclamations en exécutant le mandat des relations avec la clientèle» ou «a tenu les deux réunions prévues dans le calendrier de travail».
- *Félicitez le délégataire s'il prend des initiatives intéressantes*, lorsqu'il obtient les résultats attendus et, bien entendu, s'il dépasse les objectifs fixés.

Souvenez-vous toutefois de trois choses essentielles :

1. La récompense n'est pas obligatoire et elle ne doit pas devenir habituelle.
2. N'exprimez pas votre reconnaissance n'importe quand, sans quoi les récompenses n'auront plus aucun intérêt.
3. Ne prenez pas l'habitude de surenchérir, car dans le cas d'une délégation de plusieurs mois, qu'offrirez-vous au terme de votre collaboration ? (Voir l'encadré «Témoignage» à la page suivante.)

- *Exploitez l'information obtenue lors du suivi* en tenant compte de l'évolution de votre délégataire. Ne récompensez pas un collaborateur que vous sentez en régression même s'il obtient de très bons résultats. À l'inverse, un collaborateur en progression mérite toute votre attention. Soulignez les efforts fournis et les progrès réalisés.

Une récompense doit donc être justifiée, mais aussi adaptée et correctement échelonnée dans le temps.

TÉMOIGNAGE

Récompenser de manière objective

Stéphane est directeur de ressources humaines dans une compagnie d'assurance. Convaincu du bienfait des récompenses sur l'efficacité de ses délégataires, il a toujours eu l'habitude d'exprimer concrètement sa reconnaissance. Mais il a appris à ses dépens à ne pas en abuser.

«Il y a quelques années, je me suis retrouvé dans une situation délicate, alors que je commençais à faire appel à des délégataires pour diminuer ma charge de travail. En fait, les échanges se passaient très bien – j'ai eu affaire à des collaborateurs très efficaces qui répondaient à toutes mes attentes. J'étais tellement content que j'ai tout de suite récompensé mes délégataires : primes, cadeaux, etc. Or, les mandats étaient de longue durée et, au bout d'un certain temps, je me suis trouvé dépourvu de récompenses à offrir. J'étais allé trop vite sans même m'assurer que mes collaborateurs les méritaient vraiment. Je récompensais non pas parce qu'ils me fournissaient des résultats exceptionnels, mais parce qu'ils me contentaient. J'ai dû organiser des rencontres individuelles pour faire le point sur mes erreurs. Cela a été assez pénible, mais j'en ai tiré une belle leçon. Aujourd'hui, lorsque je récompense, je commence par me demander si j'ai des "récompenses en réserve", pour la suite...»

Félicitez votre collaborateur au bon moment

Quand vous vous apercevez que votre délégataire mérite une récompense, exprimez immédiatement votre reconnaissance ; n'attendez pas de le voir faire mieux ou plus. Quel intérêt d'offrir aujourd'hui une prime à votre délégataire qui vous a donné entière satisfaction il y a trois mois ? Voici les preuves de reconnaissance les plus couramment pratiquées en entreprise :

• *Les félicitations officielles,* notamment l'annonce des réussites à la fin d'une réunion d'équipe ou l'envoi d'un courriel collectif. Dans les deux cas :

   – expliquez ce que vous avez le plus apprécié : soyez sincère et sans effusion excessive ;

MÉMENTO

Le b.a. ba de la récompense

- Faites la différence entre compétences et qualités : les traits de caractères positifs ou négatifs n'ont pas à être récompensés ou sanctionnés.
- Accordez une récompense de manière définitive, même si vous vous apercevez trop tard qu'elle ne convient pas (soit que le délégataire ne la mérite pas, soit qu'elle est disproportionnée).
- Promettez un cadeau ou une prime seulement si vous êtes tout à fait certain de pouvoir l'attribuer.
- N'accordez pas de récompense sans concertation préalable avec la hiérarchie. Vous risqueriez de faire doublon si jamais vos supérieurs étaient en passe de féliciter votre délégataire pour une autre mission menée parallèlement à la vôtre.

– sachez que, parfois, les comparaisons avec d'autres collaborateurs peuvent être bénéfiques si elles stimulent les personnes concernées.

• *L'octroi d'un jour de congé supplémentaire* ou de tout autre avantage non pécuniaire (cadeaux, invitations, etc.).

• *Le gain d'autonomie et l'élargissement des responsabilités* Attention, cela ne sera pas considéré comme une récompense par tout le monde. Soyez prudent.

• *L'évolution du poste du délégataire* ou une formation choisie par lui.

• *L'octroi d'une prime, voire d'une augmentation de salaire.* Il est de plus en plus courant de voir la délégation comme un critère qui entre dans le calcul des primes annuelles.

• *L'octroi d'une promotion.* Vous ne serez pas seul à décider, mais vous pouvez tout de même être à l'initiative d'une telle récompense. Tout au moins, vous pourrez appuyer la candidature de votre délégataire auprès de la direction.

Tous ces gestes officiels ne doivent pas vous empêcher de remercier votre délégataire en le félicitant régulièrement de ses résultats ou de ses prises d'initiatives. Ce geste simple est la première expression de votre reconnaissance ; cela ne coûte rien et peut représenter beaucoup pour votre collaborateur.

S'il est possible de récompenser un délégataire en cours de mandat (dans ce cas, il s'agit plutôt de gratifications : repas au restaurant, invitations, etc.), attendez plutôt la fin de celui-ci pour donner votre pleine mesure : vous bénéficierez ainsi d'une vision globale et disposerez des résultats définitifs. Aussi, apprenez à mettre un point final à votre collaboration.

Les différents types de récompense

Types de récompense	Rôle du délégateur
Gestion	Valorisation au quotidien, remerciements, lettre de félicitations, compliments publics, etc.
Gestion des ressources humaines	Soutien pour la promotion, pour le cheminement de carrière du délégataire, pour l'avancement ; contribution à la formation du délégataire ; etc.
Conditions de travail	Fourniture de nouveaux matériels (ordinateur ou cellulaire), amélioration de l'espace de travail, octroi de souplesse dans l'horaire, etc.
Rémunération	Soutien pour l'augmentation de salaire, pour le paiement de primes ; négociation d'une enveloppe de primes pour les délégataires ; etc.

Sachez mettre fin à votre délégation

Votre délégation ne sera véritablement terminée que lorsque vous aurez fait les comptes, c'est-à-dire que vous aurez dressé le bilan, positif et négatif, pour tirer profit de votre expérience. Cela vaut pour le délégataire, bien sûr, mais aussi pour vous. Songez en particulier à tout ce que vous pourrez réutiliser le jour où vous aurez à assumer des mandats confiés par vos supérieurs.

Faites le point avec votre collaborateur

Il vous reste à présent peu de choses à faire avant de vous séparer de votre délégataire. D'abord, mettez un terme à votre collaboration. Cela peut se faire très logiquement: la mission était ponctuelle et définie précisément dans le temps. Lorsqu'elle arrive à terme, une fois les résultats atteints, elle s'achève de façon automatique. Mais une fin de délégation peut aussi être causée par:

- l'évolution des mandats et des activités du service; dans ce cas, la délégation n'a plus lieu d'être;
- le mauvais déroulement de la délégation, obligeant le délégateur à reprendre la suite des opérations;
- l'accession du délégataire qui a parfaitement rempli son rôle à un nouveau poste;

- la transformation de la délégation en tâches habituelles pour le délégataire, ce qui ne nécessite plus de cadre formel (suivi, contrôle, rencontres…);
- votre envie de faire évoluer votre délégataire et de lui confier une délégation plus stratégique (et parce que vous aurez évolué vous-même) en attribuant à quelqu'un d'autre la délégation précédente.

Mettez en place une rencontre de bilan

Quelles que soient les circonstances de la fin de votre délégation:

- *pensez à officialiser par écrit la date de fin* et dressez un court bilan de votre collaboration avec votre délégataire;
- *fixez un rendez-vous avec lui* et demandez-lui de préparer des remarques personnelles sur votre collaboration; faites de même de votre côté. Notez même les remarques les plus insignifiantes:
  - quelles ont été les difficultés et comment ont-elles été surmontées?;
  - quels sont les aspects positifs de cette expérience et pourquoi?;
  - que vous a-t-elle apporté à court et à moyen terme?;
  - le délégataire a-t-il pris du plaisir à travailler avec vous?;
  - etc.

Détaillez les progrès de votre délégataire

Le bilan effectué au cours de cette dernière rencontre vous permettra, entre autres choses, de mesurer les progrès accomplis par votre collaborateur. Si ce dernier ne mesure pas l'ampleur de ses réussites, faites-le pour lui. Dites-lui par exemple que:

- il a su faire ses preuves et vous montrer de quoi il était capable – peut-être même a-t-il été reconnu par la direction? –, ce qui le classe parmi les premiers candidats pour des mandats à venir;

- il a construit une relation particulière avec vous, ce qui pourrait l'aider à progresser à plus ou moins long terme ;
- il a une meilleure connaissance du métier ;
- il a développé son autonomie ;
- il sait mieux, aujourd'hui qu'hier, travailler en groupe ;
- il a renforcé ses aptitudes et sa confiance en lui grâce aux obstacles qu'il a dû surmonter et aux échecs qu'il a essuyés.

POUR ALLER PLUS LOIN

Gérer sa carrière

La délégation peut vous faire gagner du temps si elle vous donne l'occasion, en tant que gestionnaire, de vous consacrer à des missions délicates et de rechercher des voies de développement pour votre secteur.

Profitez de ce temps supplémentaire pour vous pencher sur vos propres objectifs et ambitions. Construisez un plan d'évolution de carrière. Quels buts désirez-vous atteindre ? Souhaitez-vous gravir les échelons, élargir vos connaissances, vous spécialiser dans un domaine de pointe ? Après avoir défini vos projets d'évolution professionnelle :

- listez vos objectifs d'apprentissage spécifiques selon l'évolution que vous envisagez ;
- faites le point sur les ressources nécessaires pour atteindre ces objectifs ;
- fixez-vous des échéances pour les atteindre.

Enfin, choisissez des critères d'évaluation de vos objectifs avant même de vous lancer, afin de valider vos résultats le jour venu.

Tirez des leçons de votre expérience

La dernière étape de la délégation consiste à tirer les leçons de votre expérience commune. Pour votre délégataire, c'est évident, il pourra mettre à profit dans de prochaines expériences tout ce qu'il a appris à vos côtés.

Pour vous, la délégation a été tout aussi bénéfique pour deux raisons principales (à condition que vous ayez repéré vos erreurs : sous-estimation du temps de formation, mauvaise évaluation des écueils rencontrés par le collaborateur) :

• D'une part, vous pourrez mettre en pratique ce que vous venez d'apprendre lorsque vous endosserez à votre tour le rôle de délégataire. Aujourd'hui,

vous savez parfaitement ce qu'un délégateur attend de son collaborateur. Fort de votre expérience, vous pouvez même demander qu'on vous délègue des mandats. Pour ce faire :

– apprenez à bien connaître votre supérieur ; observez notamment ses pratiques de gestion ;

– vérifiez quel est son champ de responsabilités : quelles décisions a-t-il le droit de prendre seul ?

– multipliez ensuite les contacts avec lui et montrez-lui qu'il peut vous faire confiance. Faites preuve d'un peu d'ambition et de motivation sans toutefois l'oppresser. Laissez-le libre de son choix.

• *D'autre part, vous avez eu l'occasion de désigner votre successeur.* Cette pratique est en effet de plus en plus répandue (voir l'encadré « Conseil pratique » ci-après).

CONSEIL PRATIQUE

Quand le délégataire remplace le délégateur

En sachant que dans six mois, par exemple, vous serez amené à évoluer à l'interne, utilisez cette période pour faire des tests en déléguant différentes tâches à une ou plusieurs personnes :

• Si vous ne sélectionnez qu'une personne, cela signifie que vous avez en quelque sorte choisi votre successeur. La période de test servira à lui faire acquérir des compétences concernant certaines activités clés.

• Si vous engagez plusieurs personnes, vous profiterez de la période de test pour choisir votre successeur en mettant à l'essai plusieurs employés sur différentes activités clés.

ET VOUS, OÙ EN ÊTES-VOUS ?
Dressez le portrait d'une délégation réussie

Pour chaque étape ci-dessous, quelle réponse correspond le mieux à une bonne délégation ?

Cas n° 1 : Le choix des activités à déléguer

☐ a) Je délègue à la fois les activités qui m'encombrent et les activités qui peuvent faire progresser mes collaborateurs.

☐ b) Je ne délègue que les activités qui ne sont pas stratégiques pour moi.

☐ c) Je choisis les activités à déléguer en fonction de mes impératifs de gestionnaire et des compétences de mes collaborateurs.

Cas n° 2 : Le choix du délégataire

☐ a) Je délègue à un collaborateur compétent.

☐ b) Je délègue à un collaborateur qui demande depuis un an que je lui confie davantage de responsabilités.

☐ c) Je délègue à un collaborateur à la fois compétent et motivé.

Cas n° 3 : La mise en place de la délégation

☐ a La délégation est construite de façon transparente avec le délégataire, sur la base d'objectifs, et communiquée à toute l'équipe.

☐ b) La délégation est construite avec le délégataire et ne concerne que lui et vous.

☐ c) La délégation est écrite en se référant uniquement aux activités concernées et aux tâches à mener.

Cas n° 4 : La relation avec votre délégataire

☐ a) Une relation basée sur la confiance réciproque est suffisante pour réussir la délégation.

☐ b) La relation avec le délégataire repose sur un système de suivi formel et sur des vérifications fréquentes, à la fois sur les activités et sur les résultats.

☐ c) La relation avec le délégataire est fondée sur un suivi ni trop intrusif ni trop laxiste et une confiance réciproque.

Pour connaître le résultat de votre évaluation, reportez-vous à la page 151.

L'ESSENTIEL

Évaluer la délégation, c'est faire preuve de flexibilité et d'exigence dans le suivi des activités de son collaborateur, mais aussi dans la vérification de ses résultats.

1 EFFECTUEZ UN SUIVI NON INTRUSIF
Personnalisez le suivi des activités en fonction de la personnalité du délégataire et de la complexité des mandats confiés tout en gardant une distance raisonnable.

2 CHOISISSEZ DES MÉTHODES DE VÉRIFICATION ADAPTÉES
Dressez la liste des méthodes de contrôle directes et indirectes. Sélectionnez les plus adéquates et appliquez-les avec fermeté.

3 EXPRIMEZ VOTRE RECONNAISSANCE
Basez-vous sur des critères objectifs pour accorder une récompense en tenant compte des résultats. Ne soyez pas trop prolixe.

4 METTEZ UN TERME À LA DÉLÉGATION
Terminez la collaboration par une rencontre de bilan avec le délégataire.

5 TIREZ DES ENSEIGNEMENTS DES ÉCHECS ET DES RÉUSSITES
Retenez de l'expérience les leçons à tirer pour les deux protagonistes.

NOTES PERSONNELLES

Résultats des exercices

PAGE 16

Savez-vous en quoi consiste la délégation ?

1. Faux. La délégation engage une double responsabilité, la vôtre et celle du délégataire. Vous devez rester présent, dans un suivi à bonne distance de votre délégataire, et établir avec lui une relation de confiance et d'écoute.

2. Faux. Votre délégation doit laisser une marge d'autonomie à votre délégataire, qui peut notamment déterminer lui-même la façon de mener sa délégation.

3. Faux. Vous devez déléguer des activités non stratégiques mais pas forcément celles que vous n'aimez pas faire : la délégation doit permettre à votre délégataire de s'investir dans des tâches gratifiantes.

4. Vrai. Vous pouvez vous consacrer aux activités les plus stratégiques de votre équipe, développer de nouvelles compétences ; de son côté, votre délégataire ajoutera de nouvelles cordes à son arc.

5. Vrai et faux. La délégation vous décharge de certaines activités, mais vous permet d'en développer de nouvelles ou de vous consacrer davantage à des tâches que vous négligiez auparavant (la gestion, par exemple) ; par ailleurs, la mise en place de la délégation demande un peu de temps.

6. Faux. Vous devez choisir avec précaution votre délégataire parmi les membres compétents et motivés de votre équipe.

7. Faux. Il est important de donner à votre délégataire les moyens nécessaires à la tenue de sa délégation (formation, ressources, etc.).

8. **Vrai.** Bien valorisée, elle joue (en général) un rôle important dans la carrière et le développement des compétences tant pour le délégataire que pour le délégateur.

9. **Vrai.** Je reste redevable envers mon supérieur immédiat de tous les résultats obtenus.

PAGE 30
Êtes-vous prêt pour la délégation?

- Si vous avez moins de 6 «oui»: il y a sans doute des actions préalables à mener pour pouvoir déléguer certaines tâches. Par exemple, menez l'analyse fine des compétences dont dispose votre équipe et des tâches qu'elle accomplit, ou encore déterminez des objectifs pour chaque personne. Par ailleurs, il vous faut peut-être faire évoluer vos pratiques de gestion (animation d'équipe, fixation d'objectifs, relations interpersonnelles…) et responsabiliser davantage vos collaborateurs avant de leur confier des mandats dont ils seraient entièrement responsables.

- Si vous avez de 6 à 9 «oui»: vous pouvez commencer à déléguer, mais en ciblant bien quelques tâches et quelques individus. Cette délégation ciblée vous permettra ensuite de mettre en place des modalités claires de suivi (tableau de contrôle de la délégation, moments réguliers de contrôle et d'accompagnement, mesure des résultats obtenus…) et de nouvelles répartitions de fonction au sein de votre équipe, de former ou soutenir les moins compétents ou motivés, et enfin, d'élargir, le cas échéant, les mandats.

- Si vous avez plus de 9 «oui»: vous avez sans doute déjà délégué, de façon officielle ou non. Il s'agit maintenant d'en tirer tous les avantages possibles (gain de temps, responsabilisation, acquisition de compétences par le délégataire, optimisation des résultats obtenus dans le cadre de la délégation, simplification de la gestion de votre service…) et de vous consacrer à votre propre progression.

PAGE 38

Avez-vous le profil d'un gestionnaire délégateur ?

- Si vous avez moins de 5 « oui » : vous n'avez pas encore suffisamment assis votre gestion pour pouvoir déléguer en toute sérénité ; d'ailleurs, vous ne le voulez peut-être pas, à ce stade. Si vous le souhaitez, néanmoins, mettez en pratique tous les conseils mentionnés dans cet ouvrage et apprenez à faire confiance à vos collaborateurs, puis commencez à déléguer des tâches très limitées.

- Si vous avez de 5 à 9 « oui » : vous avez les bases d'un gestionnaire délégateur. Investissez-vous peut-être davantage dans la gestion des ressources humaines de votre équipe, adaptez votre gestion aux situations et aux personnalités de vos collaborateurs ; vous serez ainsi dans de bonnes conditions pour mettre en place vos premières délégations.

- Si vous avez plus de 9 « oui » : Vous êtes un gestionnaire délégateur et, sans doute, de façon formelle ou non, existe-t-il déjà des délégations dans votre équipe. Peut-être s'agit-il de les officialiser davantage (par écrit, en précisant les objectifs recherchés) ou de les intégrer clairement dans le fonctionnement de votre équipe, et de les utiliser comme un véritable outil de valorisation de vos collaborateurs.

PAGE 53

Savez-vous formuler un objectif de délégation pertinent ?

1. Non. Cet objectif n'est pas précis du tout (que signifie la maîtrise des relations avec la clientèle ?, sur quelles dimensions cette maîtrise porte-t-elle ?, comment est-elle mesurable ?), ni spécifié dans le temps.

2. Non. Cet objectif est plus précis que le précédent, mais il n'indique ni la façon dont vous pouvez mesurer la satisfaction des clients (il faudrait préciser, par exemple, que ce serait par des sondages réguliers) ni le temps que vous vous octroyez pour atteindre le résultat.

3. Non. Si cet objectif se mesure (tenue ou non des réunions), il porte sur des moyens et non sur des résultats à obtenir dans le cadre de la délégation.

4. Oui. Cet objectif est mesurable (élaboration ou non du plan d'action), spécifié dans le temps et opérationnel. Il pourrait s'agir là d'un bon objectif intermédiaire pour un délégataire avant de lui confier la mise en œuvre des actions.

5. Oui. Cet objectif est précis, spécifié dans le temps ; il indique comment sera mesurée la satisfaction des clients, qui est l'objectif ultime de la délégation, et il laisse au délégataire la possibilité de choisir tous les moyens qui lui semblent bons pour atteindre cet objectif.

PAGE 61

Savez-vous évaluer un candidat délégataire ?

- Si votre candidat obtient moins de 5 « oui » : choisissez-en un autre à qui vous appliquerez également cette grille d'évaluation.

- Si votre candidat obtient de 5 à 9 « oui » : vous pouvez lui déléguer l'activité que vous visez. Mais attention de l'accompagner, en tenant compte du fait que la délégation demandera sans doute un peu de temps ainsi qu'un échelonnement progressif, étape par étape. Parmi les actions à mener : donner confiance à votre délégataire, l'aider à acquérir des compétences, le motiver sur ses nouvelles tâches, l'intégrer clairement dans l'équipe.

- Si votre candidat obtient plus de 9 « oui » : vous pouvez sans hésiter lui déléguer les tâches auxquelles vous avez pensé, et peut-être même plus. Vérifiez simplement que votre système de suivi est en place, le risque avec un bon délégataire étant que vous pourriez ne plus maîtriser du tout ce que vous avez délégué.

PAGE 75
Avez-vous choisi le bon collaborateur ?

- Si vous avez moins de 5 « oui » : soit votre choix doit être reconsidéré en vérifiant que le délégataire répondra aux enjeux et impératifs de la tâche déléguée, soit vous avez à travailler davantage avec votre délégataire sur ses besoins, son intégration dans l'équipe, le partage des rôles sur l'activité déléguée, etc.

- Si vous avez de 5 à 8 « oui » : il vous reste sans doute à mettre en confiance totale votre délégataire par une gestion adaptée à sa personnalité ; l'avez-vous suffisamment écouté ?

- Si vous avez plus de 8 « oui » : vous avez fait le bon choix de délégataire et vérifié tous les préalables à son engagement ; il vous reste peut-être à bien l'intégrer dans l'équipe en communiquant officiellement ses nouvelles missions.

PAGE 97

Savez-vous construire une relation de confiance avec votre collaborateur?

- Si vous obtenez moins de 4 «oui»: vous devez sans doute progresser dans la confiance que vous accordez à votre collaborateur. Réalisez qu'il n'est pas votre concurrent et que vous œuvrez tous à la réussite de l'entreprise. Ne retenez pas d'information, respectez les opinions, ne suivez de près que les situations délicates et, surtout, maintenez des échanges clairs et réguliers avec chacun des membres de votre équipe.

- Si vous obtenez de 4 à 7 «oui»: vous pouvez déléguer, mais en portant une attention particulière au fait que vous devez aider votre délégataire à progresser. Donnez-lui toutes les clés de la délégation, n'hésitez pas à lui transférer votre savoir-faire, communiquez toute l'information dont vous disposez.

- Si vous obtenez plus de 7 «oui»: vous savez effectivement bâtir des relations de confiance et n'aurez pas de mal à échanger sur de bonnes bases avec votre délégataire. Faites toutefois attention de ne pas verser dans l'excès inverse: n'ayez pas une confiance aveugle envers tout le monde, vous risquez de vous faire manipuler.

PAGE 105

Savez-vous comment réagir en situation de risque?

Cas n° 1: La meilleure solution est la A, car elle permet de maintenir la délégation tout en formant votre collaborateur dans une logique gagnant/gagnant; elle est préférable à la B, qui présente le désavantage d'abaisser l'objectif de la délégation au risque de dénaturer le concept même de cet exercice; la solution C est bien entendu la plus mauvaise… sauf si vous vous êtes totalement trompé lors de la sélection (voir le chapitre 3).

Cas n° 2: La meilleure solution est la B; la A pourrait dénaturer l'exercice et démotiver votre délégataire, qui ne maîtriserait qu'une petite partie de l'activité concernée; la C présente de nombreux risques de confusion, de démotivation, de dédoublement du travail, de remise en cause de décisions…

Cas n° 3: La meilleure solution est la C; la A et la B présentent le risque de créer de l'opposition à la délégation et au délégataire.

Cas n° 4: La meilleure solution est la A, car elle permet de maintenir la délégation et de se situer dans une relation d'échange et de confiance, au contraire de la B, qui risque de faire perdre l'intérêt de la délégation et de dégrader la relation; la C peut être appliquée, mais elle signifierait que vous avez mal défini les objectifs en amont.

Cas n° 5: La meilleure solution est la A; la C rendrait impossible la tenue de la délégation; la B ne peut être retenue que si vous êtes certain d'obtenir rapidement les moyens demandés, sinon, mieux vaut reporter le début de la délégation.

PAGE 119
Votre délégation est-elle transparente?

- Si vous obtenez moins de 4 « oui »: vous devez clarifier de nombreux points de votre délégation (objectifs visés, transmission de savoir-faire, communication à l'équipe, engagements pris…).

- Si vous obtenez de 4 à 7 « oui »: vous avez bâti une délégation dont la transparence peut être encore accrue. Votre engagement de soutien au délégataire est-il clair? Le rencontrez-vous suffisamment souvent? Avez-vous déjà félicité officiellement votre délégataire?

- Si vous obtenez plus de 7 « oui »: votre délégation est transparente… en tout cas avec votre délégataire et votre équipe; mais informez-vous suffisamment vos patrons concernant la délégation?